浦东新区
农业农村发展跟踪研究

马佳 著

中国农业科学技术出版社

图书在版编目（CIP）数据

浦东新区农业农村发展跟踪研究／马佳著．――北京：中国农业科学技术出版社，2022.9
　ISBN 978－7－5116－5877－7

　Ⅰ.①浦…　Ⅱ.①马…　Ⅲ.①农业经济发展－研究－浦东新区 ②农村经济发展－研究－浦东新区　Ⅳ.①F327.513

中国版本图书馆 CIP 数据核字（2022）第 154071 号

责任编辑	崔改泵
责任校对	王　彦
责任印制	姜义伟　王思文

出 版 者	中国农业科学技术出版社 北京市中关村南大街 12 号　邮编 100081
电　　话	（010）82109194（出版中心）　（010）82109702（发行部） （010）82109709（读者服务部）
传　　真	（010）82109698
网　　址	https：//castp.caas.cn
经 销 者	各地新华书店
印 刷 者	北京建宏印刷有限公司
开　　本	170mm×240mm　1/16
印　　张	12
字　　数	210 千字
版　　次	2022 年 9 月第 1 版　2022 年 9 月第 1 次印刷
定　　价	80.00 元

◀─── 版权所有·翻印必究 ───▶

前　言

当前，世界正经历百年未有之大变局，世界经济的不确定性、不均衡性、不稳定性增加。在疫情防控常态化形势下，我国经济总体上表现出较好复苏态势。然而，国际形势、新冠肺炎疫情等外部风险与全球资源的退化和紧缺、气候变化的加剧等内部系统风险交织，给农业农村发展带来极大影响和挑战。

随着粮食安全上升为国家战略，特别是2022年的中央一号文件明确指出，要抓紧构建新形势下的国家粮食安全战略，主销区要保证一定口粮自给率。作为主销区的上海，应是保障我国粮食和重要副食品安全不可或缺的功能区。

上海是拥有2 400万人口的超大城市，每年需要大量的食物供应。但是，受资源、环境等客观条件的制约，上海食品供给对外依存度较高，且近年来农产品对外依赖程度有增加的趋势。2020年，上海食用农产品总消费量在2 600万吨左右，其中近80%靠外省市供应，该比重较2015年增加了10%。仅以蔬菜为例，2020年上海外地蔬菜量占蔬菜总消费量的比重较2013年就提升了14%。可见，作为超大城市的上海，尽管食用农产品对外依存度有增加趋势，但还是始终保持着一定比例的自给率（2020年食用农产品自给率为20%），这种保有量可以在外地农产品运输受突发事件影响时，有效保障本地基本的食用农产品安全。特别是2003年的SARS、2008年的暴雪、2020年的新冠肺炎疫情突发以及近年来复杂的国际形势下，上海都经受住了考验，确保了农产品的基本自给能力和自我循环能力，有效保障了城市运行。上海农业为城市安全战略保障作出了重要贡献。

随着乡村空间正在由不断收缩向基本稳定转变，上海乡村资源的稀缺性愈发凸显，农业农村的经济价值、生态价值、美学价值日益凸显，其对城市、对市民越来越不可或缺，从承担农产品保障供应功能向承担多元复合功能转变,由承担附属功能向承担核心功能转变。推进上海农业农村的可持续发展,不仅对保障重要副食品供给具有重要战略意义,也是满足人民日益增长的美好生活的需要。据此,尽管上海农业的产值已不足全市GDP 的 0.8%,近年农业生产总值走势也呈下降趋势,但历届上海市委、市政府十分重视"三农"工作,始终把"三农"工作放在全市工作的重要位置。

浦东新区是上海重要的涉农区,也是农业农村部认定的首批国家现代农业示范区,在上海整建制创建国家现代农业示范区中,发挥着重要的示范引领作用。1990 年,党中央国务院宣布开发开放上海浦东,掀开了我国改革开放向纵深推进的崭新篇章。经过 30 多年的开发开放,浦东在一片农田上建成了现代化新城,成为中国改革开放的象征和上海现代化建设的缩影。浦东为中国特色社会主义制度优势提供了最鲜活的现实明证,为改革开放和社会主义现代化建设提供了最生动的实践写照。2021 年,浦东新区又被赋予了改革开放的重大任务——打造社会主义现代化建设引领区。作为国家战略承载地、更高水平改革开放的开路先锋、全面建设社会主义现代化国家的排头兵、彰显"四个自信"的实践范例,浦东新区理应率先成为上海农业农村发展的亮点。

2008 年博士毕业进入上海市农业科学院工作伊始,著者有幸参与了前辈专家俞菊生研究员、干经天研究员牵头的"孙桥现代农业综合展示体途径研究""孙桥现代农业推广模式的研究",开启了对浦东新区农业农村发展的思考与关注。近十年,著者带领团队先后围绕浦东新区推进农地流转、稳定粮食生产、培育新型农业经营主体、培育与发展农业产业化联合体、深化农村集体经济组织产权制度改革、推进产权制度改革后农村集体经济发展、盘活农民闲置房屋、促进农民增收、构建"三农"发展指标体系、乡村振兴示范村建设跟踪研究、落实乡村振兴战略进展情况等开展了相关研究,调研的足迹遍布了浦东新区的各个涉农镇,部分研究成果获得上海市市领导肯定性批示,被纳入政策文件,为相关部门的政策制定提供了决策参考。鉴于此,在上海的 9 个郊区中,浦东新区于著者而言有着更特殊的意义。

近年,浦东新区高度重视并深入贯彻落实乡村振兴战略,紧密结合浦东新区特点,因地制宜抓落实,推动了乡村振兴战略落地见效,成效显著。然而,浦东新区农业农村发展仍存在短板,突出表现为:受土地等资源的制约，农业比较优势减弱，农业经营主体和现代农业发展有机衔接的机制仍待完善，农村发展空间受到不断挤压，农民持续增收后劲有待增强。本书试图从农业农村发展的基本概况、农业产业化联合体的培育与发展、镇属农投公司的运营、农民闲置房屋的盘活，以及促进农民增收补贴政策的完善等方面，展示近年浦东新区的农业农村发展面貌。

著 者
2022 年 6 月

目 录

第一章 绪论 ··· 1
一、研究背景与目的 ····································· 1
二、研究方法与技术路线 ································· 4
三、研究框架与主要研究内容 ····························· 5

第二章 理论基础与文献综述 ····························· 8
一、相关概念界定 ······································· 8
二、相关理论基础 ······································ 11
三、文献综述 ·· 16

第三章 浦东新区农业农村发展基本情况 ·················· 20
一、浦东新区基本概况 ·································· 20
二、浦东新区农业农村基本情况 ·························· 22

第四章 浦东新区农业产业化联合体培育研究 ·············· 31
一、浦东新区农业产业化联合体的基本情况 ················ 31
二、农业产业化联合体的结构和机制 ······················ 35
三、农业产业化联合体发展中的瓶颈问题 ·················· 39
四、国内农业产业化联合体的基本经验 ···················· 41
五、培育浦东新区水蜜桃产业联合体的任务与建议 ·········· 45
  附录1 国内农业产业化联合体案例 ···················· 53
  附录2 相关政策文件 ································ 60

第五章 浦东新区农业产业化联合体发展研究 ·············· 74
一、浦东新区农业产业化联合体发展现状 ·················· 74
二、浦东新区农业产业化联合体面临的主要瓶颈 ············ 77
三、国内外农业产业化联合体模式与经验 ·················· 79
四、浦东新区进一步推进农业产业化联合体发展的对策建议 ···· 84

附录　相关政策文件 ································· 87

第六章　镇属农投公司运营问题研究 ······················· 93
　　一、镇属农投公司运营的基本情况 ······················· 93
　　二、镇属农投公司运营的经验与主要成效 ················· 100
　　三、镇属农投公司运营中要重视的问题 ··················· 103
　　四、推进镇属农投公司运营的思路与建议 ················· 106

第七章　盘活浦东新区农民闲置房屋研究 ··················· 109
　　一、浦东新区农民闲置房屋现状及案例分析 ··············· 110
　　二、盘活农民闲置房屋模式的外省市经验启示 ············· 118
　　三、浦东新区盘活农民闲置房屋意愿分析——基于村民层面 ··· 126
　　四、浦东新区进一步盘活农民闲置房屋的对策建议 ········· 130
　　附录　相关政策文件 ································· 134

第八章　促进浦东新区农民增收主要补贴政策研究 ··········· 147
　　一、浦东新区农民增收主要补贴政策主要做法 ············· 147
　　二、浦东新区农民增收主要补贴政策效果评价 ············· 149
　　三、浦东新区农民增收补贴政策的效率分析 ··············· 153
　　四、浦东新区促进农民增收主要补贴政策存在的问题及
　　　　原因分析 ··· 165
　　五、国际经验借鉴 ····································· 167
　　六、对策建议 ··· 169

第九章　思考与展望 ····································· 171

参考文献 ··· 175

后　　记 ··· 184

第一章 绪论

一、研究背景与目的

乡村振兴，产业振兴是首位，乡村产业振兴离不开现代农业经营体系的支撑。随着社会主义市场经济的不断发展，为应对小农户对接大市场的难题，农业产业化经营一直在探索中不断发展，龙头企业、合作社、家庭农场、社会化服务组织竞相成长，为农业产业化联合体奠定了坚实基础。为着力破解农业产业化各经营主体之间的产业、要素、利益联结不紧密的问题，实现规模经济，降低交易成本，一些新型农业经营主体在利益博弈中逐渐形成了农业产业化联合体。2012年，安徽省宿州市较早开展了现代农业产业化联合体的培育探索。2016年，中央农村工作领导小组肯定了安徽的探索做法，认为联合体对促进农村一二三产业融合发展，提高农业的组织化、集约化、现代化程度，增加农民收入具有创新性的意义，代表了现代农业发展的方向，具有推广意义。2017年，中共中央办公厅、国务院办公厅印发的《关于加快构建政策体系培育新型农业经营主体的意见》提出要培育和发展农业产业化联合体。同年，农业部联合国家发展改革委、财政部、中国人民银行、税务总局、自然资源部等6部门印发《关于促进农业产业化联合体发展的指导意见》，提出要大力培育和发展农业产业化联合体，并配套政策加以落地实施。党的十九大提出，要实现小农户和现代农业发展有机衔接。2018年的中央一号文件提出，培育发展农业产业化联合体，发展多种形式适度规模经营。同年3月，农业部办公厅联合国家农业综合开发办公室、中国农业银行办公室印发了《关于开展农业产业化联合体支持政策创新试点工作的通知》，选择河北、内蒙古自治区（全书简称内蒙古）、安徽、河南、海南、宁夏回族自治区（全书简称宁夏）、新疆维吾尔自治区（全书简称新疆）等7个省（区）作为试点，结合当地实际开展农业产业化联合体培育和创建工作。同年5月,农业农村部联合中国邮政储蓄银行印发《关于加强农业产业化领域金融合作助推实施乡村振兴战略的意见》,支持农业产业化联合体培育。跟以往对农业龙头企业、农民专业合作社、家庭农场等单独出台的政策不同,支持农业产业化联合体发展的政策更加突出联合的目标。浦东新区培育农业产业化联合体是构建其现代农业经营体系的方向,是对过去一系列农业产业化组织模式探索的一次系统集成,是浦东新区乡村产业发展的重要突破口,更是促进乡村振兴的有效路径。

随着城镇化进程的不断推进,农村人口结构的变化,农民房屋出现大量闲置。据中国社会科学院2019年发布的数据,2018年140个样本村庄(包括东部37个、中部48个、西部35个、东北部地区20个样本村庄)有76 446宗宅基地,其中闲置或废弃的宅基地高达7 266宗,样本村庄的宅基地闲置率平均为10.7%,空房率最高达七成。村庄宅基地的闲置率呈现东部最高(13.5%)、西部次之、东北第三、中部最低(7.7%)的格局。上海作为东部地区的典型城市之一,据初步统计,有20%左右的农房闲置空关,近50%的农房为半闲置[①],这些闲置资源如何通过深化农村改革来激活,由闲置资源盘活为资本、财富,是一个亟待破解的重大命题。在坚持市场主导、农民自愿、民主合作和兴农富农原则的基础上,如何挖掘乡村独特价值,激活农民闲置房屋这份沉睡的资产,满足广大农民对持续增收的需求、广大市民对美好生活的需求及国际大都市对生态环境的需求,也是浦东新区乡村振兴的关键。

随着社会经济发展、城乡融合发展的不断深入,农村经济结构、人口社会结构发生了深刻变化,支撑农民持续增收的传统动能减弱,相对于城镇居民收入水平,农民收入水平依然较低,城乡收入差距依然较大,促进农民增收成为"三农"发展最突出的问题。为提高农民收入,从2002年起,国家先后实施了农作物良种补贴、种粮农民直接补贴、农资综合补贴等3项补贴。2016年,国务院办公厅印发了《关于完善支持政策促进农民增收的若干意见》,指出增加农民收入是"三农"工作的中心任务,事关农民安居乐业和农村和谐稳定,事关巩固党在农村的执政基础,事关全面

---

① 方志权,晋洪涛,张晨,2018. 上海探索盘活利用农民闲置房屋的调研与思考[J]. 科学发展(6):107-112.

小康目标的实现和经济社会发展全局,并从完善农业支持保护制度、强化就业创业扶持政策、构建城乡一体化发展长效机制、健全困难群体收入保障机制等4个方面对完善农民增收支持政策提出了明确要求。十九大正式提出实施乡村振兴战略之后,促进农民增收更是成为乡村振兴、实现共同富裕的关键。随着经济结构转型调整,经济增速由高速增长向中高速增长转变,农民外出就业增收面临严峻挑战。受农业生产成本日益增长及自然灾害等的影响,农业生产比较效益不高,农民经营性收入持续增长面临较大压力。农村集体产权制度改革仍有待进一步深化,农民财产性收入提升空间受限。农业补贴政策则是贯彻落实中央政策,加大强农惠农政策力度,促进农民增收的重要举措。2010年,浦东新区(简称"新区",以下同)出台了5项农民增收政策补贴办法,分别为《关于务农农民直接补贴实施办法》《关于农村土地承包经营权流转补贴实施办法》《2011年村级组织运行费用补贴专项资金使用管理办法》《关于涉农企业吸纳本区农村户籍劳动力实施意见》《关于农产品营销体系及品牌建设政策补贴实施办法》。后续,浦东新区不断完善相关政策,又陆续出台了《关于完善浦东新区务农农民直补政策的实施办法》《关于完善浦东新区农村土地承包经营权流转补贴政策的实施办法》《浦东新区关于村级组织运行费用补贴专项资金使用管理办法的补充意见》《关于浦东新区村级组织运行费用补贴政策的实施细则》《浦东新区农产品营销体系及品牌建设补贴实施细则》等。截至2016年底,浦东新区农民增收补贴已经累计发放补贴资金18.8亿元,这些政策对促进农民增收起到了重要作用。2015年,新区农村居民收入达到25 142元,比2009年两区合并时翻了一番。城乡居民收入差距由2011年的3.13∶1缩减为2015年的2.95∶1,顺利完成了2009年南汇区与浦东新区合并时制定的6年完成农村居民收入倍增的目标。"十二五"期间,新区农民收入的增幅高于全市城乡居民收入增幅以及新区GDP的增幅。

然而,新形势下,农民增收的难度越来越大,支撑农民增收的传统动能在逐渐减弱,并且随着城乡一体化进程的加快以及近年来中央和上海全市层面各项制度政策(包括户籍制度改革、社会保障制度改革、农村集体经济组织产权制度改革、《全国农村经济发展"十三五"规划》、《全国农产品加工业与农村一、二、三产业融合发展规划(2016-2020年)》等)的实施,浦东新区农民增收补贴政策在执行过程中遇到了新的问题。2016

年11月，新区出台《浦东新区农民增收补贴政策实施细则》，将农民增收补贴聚焦为农村土地承包经营权规模流转补贴、涉农经济组织吸纳本区农村户籍劳动力就业补贴、务农农民直补等。同年12月，国务院办公厅印发了《关于完善支持政策促进农民增收的若干意见》（国办发2016年87号文）。如何贯彻落实中央文件精神，有机结合以往下发的相关文件思路及举措，调整并完善新区农民增收补贴政策，形成合力，配合推进农业供给侧结构性改革的主线，加快培育农民增收新动能，促进农民增收，是迫切需要研究的命题。

目前关于浦东新区农业农村发展的系统研究较少，特别是基于一手问卷调查、实地访谈的跟踪研究尚不多见。为此，本书基于近年相关跟踪调研成果，从浦东新区农业产业化联合体的培育和发展、镇属农投公司运营、盘活农民闲置房屋，以及促进农民增收补贴政策等维度展开分析。

二、研究方法与技术路线

（一）研究方法

1. 定性研究与定量研究相结合的方法

主要采用定性研究的方法分析浦东新区农业农村发展基本情况、农业产业化联合体培育与发展问题，以及镇属农投公司运营问题；采用描述性统计分析和回归分析方法，开展村民层面的盘活农民闲置房屋的意愿分析；采用描述性统计分析方法，分别基于"两高一快"目标、基于时间序列和空间对比，以及基于区内差异等3个维度，对浦东新区农民增收主要补贴政策效果进行定量评价；采用DEA-Malmquist模型对浦东新区农民增收补贴政策实施效率进行测算，分析政策效果。

2. 比较研究法

有针对性地梳理国内外在农业产业化联合体、盘活农民闲置房屋、促进农民增收补贴政策方面的模式与做法，在比较的基础上吸收可供借鉴的经验；对标国际经验，提出浦东新区农业农村发展功能与定位的思考。

3. 归纳研究与演绎研究相结合的方法

通过归纳研究与演绎研究相结合的方法，揭示农业产业化联合体发展的相关问题，运用归纳研究方法对国内外农业产业化联合体发展的实践及经验进行分析，再运用演绎研究方法，揭示农业产业化联合体发展的结构与机制。

4. 问卷调查法与实地访谈相结合的方法

就农业产业化联合体培育与发展问题，赴浦东新区主要镇村开展实地调研，与具有代表性的水蜜桃产业农户、农民合作社、农业龙头企业，与南汇水蜜桃品牌合作联社、上海市南汇区供销合作总社、上海市桃研究所、浦东新区第一批农业产业化联合体、主要电商代表进行座谈；赴曹路镇、祝桥镇、周浦镇、宣桥镇、新场镇、万祥镇、书院镇、泥城镇、老港镇、惠南镇、合庆镇、航头镇、大团镇、川沙新镇等，与农投公司负责人、相关部门就镇属农投公司问题进行座谈；赴连民村、赵桥村、长达村、新丰村等盘活农民闲置房屋的典型区域进行实地调研，并与镇村负责人、相关企业代表、村民代表等进行座谈；采用 PPS 抽样方法，针对浦东新区 22 个镇（高行和南汇新城镇已没有行政村）的 363 个行政村进行分层抽样调查，抽取共计 100 个村的千余户住户作为调查对象，针对农民闲置房屋问题开展问卷调查。

（二）技术路线

本书总体遵循"背景分析—现状把握—问题剖析—经验借鉴—对策建议"的基本思路。基于研究框架，立足国家战略要求，全面贯彻新发展理念，以分工理论、规模经济理论、契约理论、产权制度理论、土地集约利用理论、福利经济理论、二元经济结构理论等为基础，基于统计数据以及问卷调查数据、实地访谈资料，从农业产业化发展、农村资源盘活、农民增收等维度，厘清瓶颈问题，借鉴国内外相关经验，提出对策建议。

三、研究框架与主要研究内容

本书从农业、农村、农民 3 个维度，主要围绕浦东新区农业产业化联合体的培育与发展、镇属农投公司的运营、盘活农民闲置农房、促进农民增收补贴政策等展开研究。主要研究内容分为九章。

第一章 绪论。主要阐述本书的研究背景与目的，阐明研究方法与技术路线、研究框架与主要研究内容。

第二章 理论基础与文献综述。对农业产业化、农业产业化联合体、宅基地"三权"分置、农民增收补贴政策等关键概念进行界定，结合农业产业化联合体、盘活农民闲置房屋、促进农民增收补贴政策等相关基本理论，对相关文献进行研究与述评。

第三章 浦东新区农业农村发展基本情况。从行政区划、土地、人才、技术、制度等要素，展示浦东新区基本概况。从农业产业发展情况、农村治理情况、农民增收情况等方面，分析浦东新区农业农村基本情况。

第四章 浦东新区农业产业化联合体培育研究。从农业产业化联合体的形成、基本特征、浦东新区农业产业化联合体雏形分析浦东农业产业化联合体基本情况，以浦东新区特色产业水蜜桃产业为例，分析农业产业化联合体的结构和机制，揭示水蜜桃产业联合体发展中的瓶颈问题，主要包括产业基础薄弱、生产经营能力有待提升，产业化运营水平低、品牌建设亟待加强，牵头主体选育困难、带动效应不足，利益联结不紧密、联合体纽带黏性不足等。在此基础上，提炼国内产业化联合体的基本经验，并据此提出培育浦东新区水蜜桃产业化联合体的任务与建议。

第五章 浦东新区农业产业化联合体发展研究。从农业产业化联合体发展目标与进展情况、发展模式、农业产业化联合体发展取得的经济效益、社会效益、生态效益等维度总结浦东新区农业产业化联合体的发展现状，解析浦东新区农业产业化联合体面临的4个方面的主要瓶颈，并基于国内外农业产业化联合体的模式与经验，提出浦东新区进一步推进农业产业化联合体发展的对策建议。

第六章 镇属农投公司运营问题研究。首先，系统梳理镇属农投公司运营的基本情况、运营的经验与主要成效；其次，分析镇属农投公司运营中要重视的5个方面的问题；最后，针对这些问题，提出推进镇属农投公司运营的思路与建议。

第七章 盘活浦东新区农民闲置房屋研究。首先，基于问卷调查数据和典型案例调研资料，分析浦东新区农民闲置房屋的基本现状；其次，从共享农房模式、旅游民宿模式、土地复垦模式、乡村休闲养老模式等4个模式分析了外省市盘活农民闲置房屋的经验做法；然后基于村民层面，采用计量方法分析了浦东新区盘活农民闲置房屋的意愿；最后从8个方面提出了浦东新区进一步盘活农民闲置房屋的对策建议。

第八章 促进浦东新区农民增收主要补贴政策研究。首先，梳理了浦东新区农民增收主要补贴政策主要做法，在此基础上进行效果的定性评价和基于 DEA 模型的效率定量分析，基于研究结论提出浦东新区促进农民增收主要补贴政策存在的问题；最后基于国际经验，从提高补贴政策动态性和连贯性、聚焦补贴重点、创新支农资金投入方式、完善补贴资金的管理体制机制、充分体现补贴政策的区域差异性等 5 个方面提出对策建议。

第九章 思考与展望。基于前八章的研究，对浦东新区农业农村发展特点及功能定位进行思考与展望。

第二章　理论基础与文献综述

一、相关概念界定

(一) 农业产业化联合体的内涵

深刻理解农业产业化联合体的内涵，是培育与发展农业产业化联合体的重要前提。农业产业化是以市场为导向，以经济效益为中心，以主导产业、产品为重点，优化配置各类生存要素，实现区域化布局、专业化生产、规模化建设、社会化服务、企业化管理的现代化经营方式和产业组织形式。农业产业化联合体是龙头企业、农民合作社和家庭农场等新型农业经营主体以分工协作为前提，以规模经营为依托，以利益联结为纽带的一体化农业经营组织联盟。其与大型全产业链农业发展企业仍有一定不同之处，主要体现为：一是各利益相关方保持独立经营，有一定的独立性和灵活性。二是通常较大规模的龙头企业是产业化联合体的核心，其产业需求带动合作社、家庭农场等其他利益主体发展，并实现不同利益主体的合理分工。三是不同于传统的外包，相关利益主体之间存在生产要素的互联互通，实现了深度稳定合作。四是相关企业的议价能力提升，生产成本下降，并最终传导至农民个体，有效降低生产风险，促进农民增收。

新型农业经营主体主要包括家庭农场、农民专业合作社、龙头企业等。家庭农场是在稳定和完善家庭承包经营的基础上，以家庭成员为主要劳动力，并以农业为主要收入来源的新型农业经营主体，是在宏观管理主体（政府）重视粮食安全和微观生产主体（农户）不断追求收入增长的背景下，推动现代农业发展的有效形式之一。家庭农场主要有3个特点：一是经营主体以农民家庭为单位，以血缘关系、婚姻关系为基础，以家庭成员为主要劳动力，雇工一般不超过总劳动力数量的一半。二是从事农业规模化、集约化、商品化生产。三是以农业收入为家庭主要收入来源的新型农业经营主体；根据《中华人民共和国农民专业合作社法》（2018），农民专业合作社是在农村家庭承包经营基础上，农产品的生产经营者或者农业生产经营服务的提供者、利用者，自愿联合、民主管理的互助性经济组织。农民专业合作社以其成员为主要服务对象，开展以下一种或者多种业务：一是农业生产资料的购买与使用；二是农产品的生产、销售、加工、运输、贮藏及其他相关服务；三是农村民间工艺及制品、休闲农业和乡村旅游资源的开发经营等；四是与农业生产经营有关的技术、信息、设施建设运营等服务。农业龙头企业指的是在农业产业中，对其他企业具有很深影响力、号召力和一定的示范、引导作用，并做出较大贡献的企业。

（二）盘活农民闲置房屋的内涵

宅基地是农村村民用于建造住宅及其附属设施的集体建设用地，包括住房、附属用房和庭院等用地。土地产权指的是存在于土地之中的排他性权利，包括土地所有权、土地使用权、土地租赁权、土地抵押权、土地继承权、地役权等多项权利。根据《土地管理法》规定，中华人民共和国实行土地的社会主义公有制，即全民所有制和劳动群众集体所有制；农村和城市郊区的土地，除由法律规定属于国家所有的以外，属于集体所有；宅基地属于农民集体所有；农村村民一户只能拥有一处宅基地；国家允许进城落户的农村村民依法自愿有偿退出宅基地，鼓励农村集体经济组织及其成员盘活利用闲置宅基地和闲置住宅。

宅基地"三权分置"，指的是坚持宅基地所有权，保护宅基地资格权，放活宅基地使用权。其中，宅基地所有权是指农村集体经济组织或者村民委员会作为宅基地所有者，依法享有的对宅基地的排他性完全权利，如占有、使用、收益和处分。在人均土地少、无法保障一户拥有一处宅基地的地区，在尊重农村集体经济组织成员意愿的基础上，通过其他方式，如集中居住等，保障农村集体经济组织成员实现户有所居。

从宅基地所有权归属来看，中华人民共和国成立以来宅基地制度主要经历了以下三个阶段：宅基地和房屋归农民私有阶段（1949—1959年）、宅基地归生产合作社集体所有阶段（1960—1982年）、宅基地归农民集体所有阶段（1983年至今）；宅基地资格权的核心是成员权，即集体经济组织成员以户为单位向集体申请获得规定标准的宅基地进行使用，资格权具有无偿占有权权能,且具有将宅基地使用权转让一定期限后到期回收权的权能。宅基地资格权在法学界中尚未有定论;宅基地使用权指的是本集体经济组织成员可以获得符合规定标准的宅基地的使用权利,是一种可流转权。

从宅基地使用权角度看,改革开放以来宅基地制度经历了3个阶段:一是宅基地使用权管理规范化阶段(1978—1998年),在这一阶段,关于农户获得宅基地和建房资格的相关法律制度相继出台,在实际操作中仍存在不规范的行为;二是严禁农户向城镇居民出售出租宅基地及房屋阶段(1999—2008年);三是探索宅基地使用权流转阶段(2009年至今),这个时期允许宅基地的有偿退出,稳妥推进宅基地使用权的流转。

(三) 农民增收补贴政策的内涵

农业补贴政策是指政府对本国农业支持与保护政策体系中最主要、最常用的政策工具。根据WTO《农业协议》对农业补贴的分类,一般将农业补贴分为三类:"绿箱"政策、"黄箱"政策、"蓝箱"政策。"绿箱"政策指的是由政府提供的、其费用不用转嫁给消费者,并且对生产者不具有价格支持作用,对生产和贸易不造成扭曲影响或影响非常微弱的补贴政策。"黄箱"政策是指政府对农产品的直接价格干预和补贴,对生产和贸易有直接扭曲作用的政策,包括对种子、化肥、灌溉等农业投入品的补贴,对农产品营销贷款补贴等。"蓝箱"政策是指对一些限制生产计划相关,不计入综合支持量的补贴。本书的农民增收补贴政策指的是浦东新区2010年开始实施的增加农民收入的相关补贴政策,对农业生产和农产品贸易没有扭曲作用,属于"绿箱"政策。

农民收入即农民可支配收入,主要有4个来源,分别是工资性收入、家庭经营性收入、财产性收入和转移性收入,是农民经过初次收入分配和再次收入分配后获得的收入。其中,工资性收入即劳动报酬收入,主要是农民受雇于单位或个人,依靠出卖自己劳动获得的收入;家庭经营性收入主要是农民通过自主生产经营、销售获得的相关收入;财产性收入主要是通过动产和不动产参与社会生产和生活活动所产生的收入,包括转让财产使用权获得的利息、租金、专利收入,以及财产营运获得的红利收入、财产增值收益等;转移性收入与支农政策等相关。

二、相关理论基础

（一）农业产业化联合体相关理论基础

1. 分工理论

古典经济学理论认为，资本积累进一步推动了生产专业化和劳动分工的发展，而劳动分工反过来通过提高总产出使社会可生产出更多的资本积累，让资本流向最有效率的生产领域，从而形成发展的良性循环。马克思在此基础上加以完善，形成了马克思唯物史观的重要部分——分工理论，认为一定生产力的发展是真正分工的前提和基础。分工可以根据市场需求让不同劳动者掌握不同的技能，而劳动技能的掌握是促进经济发展的必要因素。同时，分工通过改善和创新生产组织形式，推动生产关系的变革，进一步促进生产力的发展。

农业产业化联合体中的各主体分工明确，一般来讲，农业龙头企业主要负责市场，农民专业合作社主要负责社会化服务，家庭农场主要负责生产。通过农业产业化联合体内部这些经营主体的分工，有利于提高生产力和效率，提高整个产业经济效益。

2. 规模经济理论

《新帕尔格雷夫经济学大辞典》中对规模经济的定义为："考虑在既定的（不变的）技术条件下，生产一单位单一的或复合产品的成本，如果在某一区间生产的平均成本递减，那么，就可以说这里有规模经济。"规模经济除了反映投入要素按比例变化的情况，还包括了投入要素按非比例变化的情况。规模经营是经济活动中各要素组合在不同的量和不同组合方式下获得效益。不同经济活动的最佳规模效益，又称为规模经济。

农业产业化联合体涉及的农业龙头企业、农民专业合作社、家庭农场都是规模经营的新型农业经营主体，经营时会涉及土地、劳动力、技术等各种生产要素的投入。新型农业经营主体的生产规模就是其在进行农业生产过程中投入各种农业生产要素数量的多少，生产规模小，所需投入的生产要素较少，经济收益也较少；生产规模大，所需投入的生产要素就多，经济收益也会增加。现阶段，新型农业经营主体规模经营的效益，关键在于土地、劳动力、技术等生产要素的优化配置。在技术条件既定的前提下，如果生产规模过大，劳动力和机械等要素配置相对不足，就会导致粗放经营的不经济；如果生产规模过小，则会使得其他生产要素出现闲置和低效利用，也会导致规模不经济。

3. 契约理论

契约理论是研究在特定交易环境下，不同合同人之间的经济行为与结果。契约理论包括委托代理理论、不完全契约理论、交易成本理论等。委托代理理论主要研究委托代理关系，即一个或多个行为主体根据一种明示或隐含的契约，指定、雇用另一些行为主体为其服务，同时授予后者一定的决策权利，并根据后者提供的服务数量和质量对其支付相应的报酬。授权者就是委托人，被授权者就是代理人。委托代理理论的主要观点认为，委托代理关系是随着生产力大发展和规模化大生产的出现而产生的。生产力的发展使得分工进一步细化，权利的所有者由于知识、能力和精力的原因不能行使所有的权利，而与此同时，专业化分工催生了一批具有专业知识的代理人，有能力代理行使好被委托的权利。在委托代理关系中，委托人追求的是自身财富的最大化，代理人追求的是自身收入、闲暇时间的最大化，二者之间利益存在冲突，在有效制度安排下协调二者利益。不完全契约理论以合约的不完全性为研究起点，以财产权或剩余控制权的最佳配置为研究目的。不完全契约理论的主要观点认为，人是有限理性，且信息不完全、交易事项也有不确定性，这样使得明晰所有的特殊权力的成本过高，拟定完全契约是不可能的，不完全契约是必然和经常存在的。交易成本理论主要研究在一定的社会关系中，人们自愿交往、彼此合作达成交易所支付的成本。交易成本理论的主要观点认为，有人类交往互换的活动，就会有交易成本，包括搜寻成本、信息成本、议价成本、决策成本、监督成本、违约成本等。交易成本发生的原因来自人性因素与交易环境因素交互影响下所产生的市场失灵现象，主要有6项交易成本来源，分别是有限理性、投机主义、不确定性和复杂性、专用性投资、信息不对称、气氛等。

农业产业化联合体中一般是农业龙头企业与农民专业合作社之间以订单、合同等契约形式形成利益联结，在契约中从一定程度上明确农业生产中的不确定性，明晰未发生事件中的责任。农业产业化联合体的优势在于通过成员间分工协作、优势互补，最大程度降低了交易的不确定性对收购环节和生产环节带来的不确定性。对牵头的农业龙头企业而言，农业产业化联合体的确立以契约形式确定了农产品的供应，保障了农产品的标准化、质量安全，稳定了农业龙头企业与家庭农场的长期合作关系。对家庭农场而言，农业产业化联合体的确立以契约形式确定了销量和价格，降低了市场风险。此外，由于农业产业化联合体的建立，农业龙头企业与家庭农场之间稳定的契约关系还会升级为内部成员关系，如前者不仅会为后者提供赊销农资，农产品售后再结算，而且还为后者无偿提供技术指导，帮助其融资还贷等，结果是有效降低了农业产业化联合体成员的生产成本和风险，有效保障了契约关系的稳定与持久。

（二）盘活农民闲置房屋相关理论基础

1. 产权制度理论

美国学者科斯产权理论的核心是，一切经济交往活动的前提是制度安排，这种制度实质上是一种人们之间行使一定行为的权利。产权应具有以下 4 个特征：明确性、专有性、可转让性、可操作性。产权制度是指既定产权关系和产权规则结合而成的且能对产权关系实现有效的组合、调节和保护的制度安排，其最主要的功能就是降低交易费用，提高资源配置效率。现代产权制度是权责利高度统一的制度，其基本特征是归属清晰、权责明确、保护严格、流转顺畅。产权主体归属明确和产权收益归属明确是现代产权制度的基础。

宅基地的"三权分置"为闲置农房的盘活提供了坚实的理论支撑。坚持宅基地所有权，是宅基地制度的根本，是盘活利用宅基地和闲置房屋的根本保障。保护宅基地资格权，是盘活利用宅基地的基本前提。放活宅基地使用权，是盘活利用宅基地的实现路径。无论是农村集体经济组织统一盘活利用闲置宅基地及农房，还是农村集体经济组织成员的自主盘活利用闲置宅基地及农房，目的都是通过盘活利用闲置资源实现集体经济的壮大，农民财产性收入的增加。

2. 土地集约利用理论

古典政治经济学的地租理论认为，农业土地集约利用是指在一定面积的土地上，集中投入较多的生产资料和活动，使用先进的技术和管理方法，以求在较小面积的土地上获得高额产量和收入的一种农业经营方式。2000 年，《国务院关于促进节约集约用地的通知》指出，我国人多地少，耕地资源稀缺，当前又正处于工业化、城镇化快速发展时期，建设用地供需矛盾十分突出。大力促进节约集约用地，走出一条建设占地少、利用效率高的符合我国国情的土地利用新路子，是关系民族生存根基和国家长远利益的大计，是全面贯彻落实科学发展观的具体要求，是我国必须长期坚持的一条根本方针。鼓励提高农村建设用地的利用效率，要在坚持尊重农民意愿、保障农民权益的原则下，依法盘活利用农村集体建设用地。

根据2014年发布的《节约集约利用土地规定》，节约集约利用土地是指通过规模引导、布局优化、标准控制、市场配置、盘活利用等手段，达到节约土地、减量用地、提升用地强度、促进低效废弃地再利用、优化土地利用结构和布局、提高土地利用效率的各项行为与活动。从投入类型看，土地集约利用主要依靠技术进步和土地利用效率的提高来促进经济增长，强调对存量土地增加投入，提高土地利用产出和效率；从投入结构看，土地集约利用以存量土地内涵挖潜为主，强调土地利用结构和布局的系统协调性。一方面，浦东新区面临建设用地总量的约束；另一方面，随着新产业、新业态、新模式的不断涌现，乡村产业对建设用地的需求也日益迫切，这种紧平衡问题亟待通过节约、集约利用土地资源来破解，从而有效实现土地资源供需的高效匹配。

（三）农民增收补贴政策相关理论基础

1. 福利经济理论

福利经济理论由英国经济学家庇古较早提出。福利经济理论中的福利又可称为社会福利，是由国家以及各种社会团体通过各种福利设施、津贴、补助、社会服务以及举办各种集体福利事业来增进群体福利，以提高社会成员生活水平和生活质量的社会保险、社会救助和社会保障形成的。古典福利经济理论认为，社会经济福利在很大程度上受国民收入总量和国民收入在社会成员之间分配情况的影响。国民收入总量越大，社会经济福利就越大；国民收入分配越是平等化，社会经济福利也就越大。资源的最优配置和收入的最优分配是社会福利最大化的必要条件。新福利经济学则认为，社会福利的核心是经济效率而不是公平，研究的应该是如何达到社会的帕累托最优状态，即在收入分配既定的条件下，生产资源在各部门之间的分配和使用已经达到了这样一种状态，以至于生产资源的任何重新配置都不能使任何人的福利增加而不以其他人的福利减少为代价。福利经济理论最终目的是为了实现最高的社会经济效率、公平的收入分配，为国家建立福利经济制度提供了理论依据。受农业弱质性的影响，农民的收入处于社会低位，政府作为收入分配制定的制定者，应在改善农民收入水平、实现公平收入分配方面发挥应有的作用。其中，通过农民增收补贴，直接或间接增加农民收入，继而有效提升农民的福利。

2. 二元经济结构理论

二元经济结构理论由英国经济学家刘易斯较早提出，在其文章中阐述了"两个部门结构发展模型"的概念，揭示了发展中国家并存着由传统的自给自足的农业经济体系和城市现代工业体系两种不同的经济体系，这两种体系构成了"二元经济结构"。传统农业部门人口过剩，农业生产中的边际生产率趋于零，过剩的劳动力被称为零值劳动人口。这部分群体的存在，造成了城乡差距。二元经济结构的存在，使得劳动力、资本、土地等要素在城乡之间的流动不畅，影响了主要生产要素的有效配置。费景汉和拉尼斯认为，刘易斯模式有两点缺陷，一是没有足够重视农业在促进工业增长中的作用，二是农业由于生产率的提高而出现剩余产品，这应该是农业中的劳动力向工业流动的先决条件。通过补充这两点缺陷，费景汉和拉尼斯二人修正了刘易斯模型中的假设，成为刘易斯—费景汉—拉尼斯模型。该模型把农业劳动的流动过程分为三个阶段：第一个阶段是零值劳动人口的流出，这部分劳动力是多余的。第二个阶段是边际生产率大于零但小于不变制度工资的劳动力的流出。这两个阶段的劳动是农业中伪装失业者的劳动。第三个阶段是农业劳动的边际产品价值大于不变制度工资的劳动流出，这部分的农业劳动力已变成了竞争市场的产品。将这部分群体逐步转移到城市现代工业体系中，可以促使二元经济结构逐步调整。改革开放后至20世纪90年代初，为了降低城市负荷、抑制城市劳动力市场竞争，执行了限制农村劳动力流入城市的政策，形成了劳动力市场的二元结构，以及城市土地属于国家所有、农村土地属于集体所有的城乡的二元土地市场、城乡二元的金融市场，导致资源配置效率低下，再加上公共服务和社会保障的二元结构，又进一步加大了城镇与农村居民收入分配的差距。

三、文献综述

（一）农业产业化联合体研究综述

国外的研究多基于合作社、农业综合体的研究，合作社与大农场、企业联结形成合作。美国学者 Davis 等（1957）提出"农业一体化"的概念，认为农业一体化是在农业生产过程中产前、产中、产后的经营主体的相互协作，农业生产的各环节形成一个完整的链条，农业综合体就是这个链条上各经营主体的有机结合。Bruce Gardner 等（2006）对农业合作组织（即联合体）的转型进行了研究，提出了合作组织在市场中的进一步发展的相关建议。不少学者围绕农业一体化的发展历程、基本特点、发展模式与路径等开展了相关研究（Ouden，1996；Eddy，2004）。国外的农业合作组织基本遵循市场规律，以市场原则联结，政府关注的焦点是防止这些农业综合体形成垄断。

国内一直不乏关于农业合作组织的研究，但从提出农业产业联合体的概念到真正开展聚焦研究则相对较晚。近年来，从最开始对安徽省宿州淮河粮食产业化联合体的经验做法进行梳理，对农业产业化联合体内涵、特征的探究，再到联合体取得成效、存在问题及路径优化的探讨，对农业产业化联合体的机理机制的解析，相关研究在不断深化。郑定荣（2003）较早提出了"农业产业化联合体"的概念，认为其是经营机构设置新、经营权限新和管理机制新的新型经营组织形式。李朝晖（2015）梳理了安徽省宿州市产业联合体的经验做法。孙正东（2015）对现代农业产业化联合体的理论进行了分析，以安徽省的粮食产业为例，对产业化联合体的实践范式进行了研究，并从系统论角度出发，提出了联合体运营效益的基础、机制及评价框架，指出其发展动力不足的问题，据此提出相关建议。汤小波（2017）对安徽省粮食产业化联合体开展了全面调研，提出发展不平衡不规范以及龙头企业带动力不强的问题，并认为下一步工作的重点应是发展分享经济、推动精准扶贫。芦千文（2017）从一二三产业融合发展角度出发，解析了安徽省的联合体案例，揭示联合体组织结构与运行特点的动因、面临的挑战，提出完善方向与有效路径。李含悦等（2018）通过梳理国外农业合作组织的发展经验，为农业产业化联合体的发展提供参考。周艳丽（2019）、周昊天（2019）基于乡村振兴战略背景，对农业产业化联合体的培育和发展的特征、困境和重要路径进行了探索。李纪华（2020）从成本收益决策视角构建两阶段动态博弈模型，得出不完全信息下农业产业化联合体形成的动态机制和稳定均衡条件。刘威和马恒运（2020）将农业产业化联合体视为小农户与现代农业经营主体组成的共生系统，剖析系统演化的包容性特征。韦德贞等（2021）就农业产业化联合体的范式机构、组织嬗变及增效机制进行了探析。王欣等（2022）认为，在农业产业化联合体中，由于龙头企业、合作社、家庭农场在联合体内功能、作用和地位不同，形成了具有不同"生态位"的资源依赖、要素联结、功能分工和服务交换的服务生态系统，各主体通过签订生产销售合同、资源整合共享、服务交换等进行价值共创。席悦等（2022）从共生视角探讨了农业产业化联合体的培育策略。这些研究为推进浦东新区农业产业化联合体的培育和发展提供了很好的理论指引和实践经验借鉴。

（二）盘活农民闲置房屋研究综述

学界围绕宅基地"三权分置"开展了诸多研究，主要始于宅基地所有权、资格权、使用权的内涵，以及三权关系的辨析研究。有学者认为宅基地所有权具有管理权能，这个管理权包含了处分权和监督权（刘圣欢和杨砚池，2018），对超占宅基地且拒不缴纳超出部分宅基地有偿使用金的农户，集体所有者有权注销其不动产权证；也有学者认为管理权还可以细分为决定权、备案权、分配权（刘守英和熊雪锋，2019；宋志红，2019），即当农户想要出租农房以此来流转宅基地权利时，需要向集体土地所有者申请备案，集体土地所有者需要根据村庄规划来进行总量管控，决定是否予以批准。宅基地所有者拥有对宅基地进行初次分配的权利；还有的学者提出，宅基地所有权除了管理权能，还具有分享土地收益的权能（董祚继，2018），集体土地所有者能在宅基地拓展至经营性用途时收取相应费用。

围绕农村宅基地使用权流转，主要有两类观点：一是认为当前的农村社保体系不够健全和完善，宅基地应该继续充分发挥其居住保障功能，以维护农户生存底线，且农村宅基地使用权的取得是与成员权联系在一起的（李翔和徐茂波，2006；丁晶，2010；王旭东，2011），因此，农村宅基地使用权无法实现自由流转。二是认为宅基地使用权流转势在必行，并关注宅基地使用权流转的影响机制。影响流转的因素主要包括受教育程度、房屋数量、家庭人口数量、年龄、区位、参保情况等（彭长生和范子英，2012；郭贯成和李金景，2014；张苗，2014；张梦琳和舒帮荣，2017；张婧，2017；蔡安宁，2018；傅熠华，2018；李风，2018）。

城镇化进程的加快引发了系列社会变迁，农户多将其闲置农房用于商业用途或房屋租赁（刘卫柏和贺海波，2012）。因此，不少学者提出在城乡融合发展的阶段，应及时盘活农村闲置宅基地，并对农村宅基地盘活路径、体制机制展开了相关研究（刘守英等，2019；何安华，2019；余永和，2019；钱忠好等，2020；朱方林和朱大威，2021；胡昱，2021；胡向东等，2021）。有学者认为应通过合理的村庄规划逐步盘活农村闲置宅基地；也有学者认为可以采取企业运作模式，村集体、政府和企业合作，充分发挥资源优势依托特色产业，通过推动旅游产业的发展来盘活闲置宅基地（武京涛，2013；方志权等，2018；张勇，2021）。还有研究针对宅基地盘活中的相关利益主体，包括区镇政府、有关职能部门、村委会、村集体经济组织、土地股份合作社、农户、农民专业合作社等新型农业经营主体，采用米切尔评分法进行分类，对其诉求和相关作用机理进行了梳理，并提出相应盘活思路（朱丽丽，2020）。

（三）农民增收补贴政策研究综述

国内在分析农业补贴政策对农民收入影响方面的研究成果丰富，主要以农业支持保护补贴和农机购置补贴等传统补贴政策为研究对象。在对农业补贴政策增收作用的分析中，多数研究肯定了其在农民增收方面的积极作用。罗东等（2014）分别对我国财政支农资金中的农村社会事业发展支出、支援农村生产支出、各项农业事业费、四项补贴对农民收入的影响进行分析，得出4项补贴对农民收入的贡献率最大。霍增辉等（2015）利用湖北省农户数据得出粮食补贴政策具有明显的增收效应。辛翔飞等（2016）在肯定了粮食补贴政策的增收作用的同时，还得出了政策对产粮大县的收入提升作用大于非产粮大县。李江一（2016）利用CHFS数据得出农业补贴政策具有促进农户消费的财富效应。王亚芬等（2017）利用我国18个省份的数据得出农业补贴政策通过促进农业产出增长、增加农民转移性收入和推动农村劳动力转移等途径提高农民收入。但也有学者在肯定补贴政策存在积极效果的同时，指出政策存在的一些问题。钟甫宁等

（2008）利用江苏省数据得出农业补贴政策会在一定程度上缩小农村收入差距，但是收入水平低的农民从中获得的好处仍然比收入较高的农民少，孙钘（2014）也得出了相似的结论。彭爃等（2013）则在肯定补贴政策具有增收效应的同时，指出其贡献度低的问题。林万龙等（2014）认为农民直接补贴政策对增加农民实际收入的贡献显著，但是存在相当比例的支出挂钩型补贴限制了贫困农户和低收入农户获取补贴的能力等公平性问题。

在对农业补贴政策的评价研究中，不少学者将农业补贴政策效率作为研究目标，并用DEA模型作为效率评价的方法，得出的结论呈现差异化。叶慧等（2006）对我国粮食直补效率测算发现，我国粮食补贴制度效率普遍不高，且各省的制度效率存在较大差距，粮食主产区效率低于非粮食主产区效率。张淑杰等（2012）利用河南省农户数据实证，结果表明农业补贴政策存在较高比例的DEA无效，还有学者利用浙江省农业补贴政策数据得出农业补贴在提高农民收入方面的无效率（李金珊等，2015）。也有学者得出相反的结论，朱德满等（2015）利用全国数据测算，认为农业补贴政策有效提升了我国玉米的全要素生产率。辛冲冲等（2017）利用DEA-Malmquist模型测算新疆农机购置补贴数据，结果表明新疆的综合技术效率得到了提升，全要素生产率也呈现上升趋势。对农业补贴政策效率分析结果的多样性也体现了我国不同省份和地区农业补贴政策实施效果的差异。

总体来看，对农业补贴政策的诸多研究中，研究方法主要有定性研究（马凌，2011；王海燕等，2017）和定量研究（黄季焜等，2011；高鸣等，2016；胡凌啸等，2016）。其中在开展农业补贴政策效率研究时，较多使用的是DEA模型。以往DEA分析的特点：首先，所选取的样本指标大致包含两类：一类是以全国层面省级数据为主的宏观数据；一类是以省级层面农户数据为主的微观数据，采用较为中观的浦东新区和新区各镇数据，数据类型更具多样性。其次，DEA分析大部分仅分析了农业补贴政策的技术效率、纯技术效率和规模效率，而没有继续分析各效率变化和全要素生产率变化情况。

第三章　浦东新区农业农村发展基本情况

一、浦东新区基本概况

浦东新区是目前上海面积最大的市辖区，2009年由原浦东区与南汇区两区合并而成。从区位上看，浦东新区位于上海市东部，东濒东海，南临杭州湾，西靠黄浦江，与宝山、杨浦、虹口、黄浦、徐汇5区相邻，与闵行、奉贤接壤。从地势上看，浦东新区东南高、西北低，平均高程约4米。从土壤类型看，主要为黄泥土、轻黄泥土、夹沙土等。从气候上看，属于海洋性气候，四季分明，降水充沛，光照充足，温度适宜，年平均气温16.2℃，年均降水量近1 100毫米，雨日131天①。2019年，浦东新区区域面积1 429.70平方千米，常住人口556.70万人，其中上海户籍常住人口占比约58%，现辖12个街道、24个镇。

从土地要素看，浦东新区的土地增量空间有限，现状建设用地总规模已达天花板，土地指标和建设空间都呈紧约束。2019年，浦东新区单位建设用地产出（15.84亿元/平方千米）不及深圳（22.35亿元/平方千米）、新加坡（36.89亿元/平方千米），远低于香港（109.76亿元/平方千米）②。

从人才要素看，高层次人才数量集聚已取得长足进展，人才综合素质较高，人才结构实现调优，对外开放取得积极进展。浦东新区现有海内外人才总量达145万，超过常住人口的1/4，拥有诺贝尔奖获得者6人，海

---

① http://www.pudong.gov.cn/shpd/about/20210203/008001001_e32687d9-589d-4285-8411-210c7845a4f0.htm 上海市浦东新区人民政府官网。
② 罗翔，2020. 资源 功能 治理——对浦东新区"十四五"高质量发展的思考［J］. 规划师，36（19）：29-33.

内外院士90人①。浦东新区挂牌设立了全国首个海外人才局，建成了集人才服务综合体和人力资源配置枢纽为一体的国际人才港，出台了一系列关于提高海外人才通行和工作便利度的创新政策，吸引了大量人才。例如，率先开展海外人才来华工作"一网通办"、颁发全国首张自贸试验区推荐永久居留身份证、全国首张本科学历外国留学生工作许可证、全国首批外国创业人才工作许可证、全国首批外籍高层次人才持永居身份证创办科技型企业营业执照等；根据第七次人口普查数据，浦东新区每十万人中受过大学及以上高等教育的人数为35 834人，高于全市平均水平（33 872人）。

从技术要素看，在上海建设具有全球影响力的科创中心的背景下，作为拥有上海光源、国家蛋白质设施、上海超算中心等重大科研平台，以及多个高校科研院所的浦东新区，是创建具有全球影响力科创中心的核心区。浦东新区有164家孵化器、2个经登记的科技企业加速器、24个专业化产业园区，共同形成了孵化器—加速器—产业园区为一体的科技创新链条②。浦东新区技术创新成果产出居全市首位。2019年，浦东新区发明专利申请量达18 066件，占全市发明专利申请量的1/4。发明专利授权量7 388件，占全市发明专利授权总量的近1/3③，体现了浦东新区较强的技术创新能力。

从经济上看，浦东新区经济在上海始终名列前茅。浦东新区以占全市1/5的土地面积、1/4的人口，贡献了1/3的经济总量和1/2的核心功能。2019年，浦东新区地区生产总值12 734亿元，较上年增长7%，比上海全市水平高1个百分点，第一产业、第二产业、第三产业增加值占地区生产总值比重分别为0.15%、22.53%、77.32%。财政收入1 071.5亿元，外贸进出口总额达20 514亿元，规模以上工业总产值突破1万亿元。居民人均可支配收入71 647元，在上海的9个郊区中仅次于闵行区。

从制度上看，30年来，无论是从1990年起始的开发开放，还是2005年的率先开展综合配套改革试点、2013年中国（上海）自由贸易试验区在浦东的挂牌、2015年的上海自贸区扩区、2019年上海自贸区临港新片区的

---

① 金叶子. 打造上海"科创之心"，浦东的底气在哪里. 第一财经，2020 – 11 – 08. https：//www.yicai.com/news/100829160.html.

② 史志办. 科学技术，2021 – 04 – 20. https：//www.pudong.gov.cn/008006034031/20211020/1652.html.

③ 数据来源：国家知识产权局。

揭牌,再到 2021 年打造社会主义现代化建设引领区,浦东新区一直是落实承担国家战略任务的区域。《关于支持浦东新区高水平改革开放打造社会主义现代化建设引领区的意见》(以下简称《意见》)首次提出,比照经济特区法规授权地方制定法规,为浦东新区的积极探索提供了坚实的法治保障;首次提出制度型开放试点并赋予综合性改革试点任务,为浦东新区的改革创新赋予了更大的空间和制度保障。

二、浦东新区农业农村基本情况

浦东新区根据《中共中央、国务院关于实施乡村振兴战略的意见》《中共上海市委、上海市人民政府关于贯彻〈中共中央、国务院关于实施乡村振兴战略的意见〉的实施意见》要求,按照国家、上海市《乡村振兴战略规划(2018—2022 年)》以及上海市委、市政府和浦东新区区委、区政府有关工作部署,编制了《浦东新区乡村振兴战略规划(2018—2022年)》。近年,浦东新区高度重视乡村振兴的扎实推进,在产业发展、乡村治理、农民增收方面取得了显著成效,农业农村的经济价值、生态价值和美学价值愈发凸显。

(一)浦东新区农业产业发展情况

浦东新区的农业是典型的都市农业,主要分布在都市内部及其周围地区,紧密依托城市、服务城市。从耕地资源总量上看,2019 年,浦东新区耕地面积近 2.8 万公顷,约占上海全市的 17%;耕地面积呈减少趋势,较 2010 年的耕地面积减少了 36%(图 3-1);从种养殖面积上看,粮食种植面积 1.3 万公顷,蔬菜播种面积 1.5 万公顷,水产养殖面积 1 845 公顷。尽管粮食种植面积总体呈现下降趋势,但其占比数据呈现了浦东新区粮食种植结构的先增后减逐步趋稳的重要调整(图 3-2);从耕地资源空间分布上看,主要集中在 24 个镇中的书院镇、南汇新城镇、祝桥镇、新场镇等 4 个涉农镇,镇耕地面积占浦东新区耕地面积的比重分别为 12.01%、10.99%、10.01%、7.55%(图 3-3)。

从劳动力资源看,浦东新区涉农人口总体呈现下降趋势。2019 年,浦东新区农业户籍人口 25.96 万人,农村人口 69.31 万人,农村人口比上年减少了 1 个百分点。农业从业人员 10.44 万人,呈现明显的老龄化趋势:

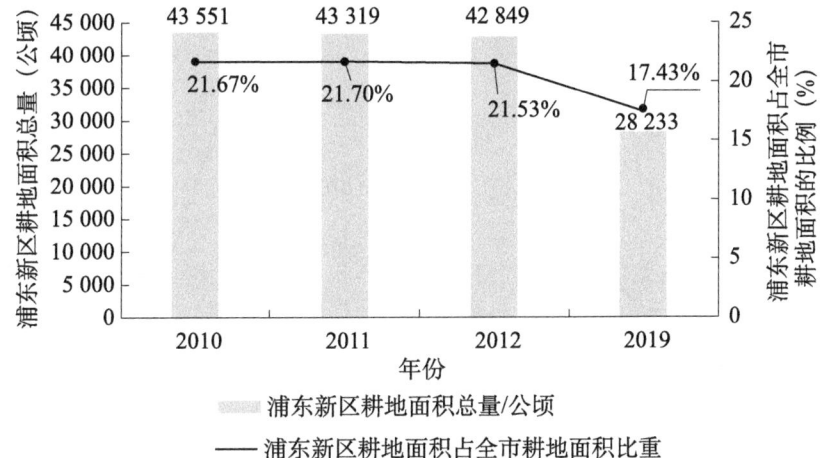

图 3-1 2010—2019 年浦东新区耕地面积及其占全市比重的走势

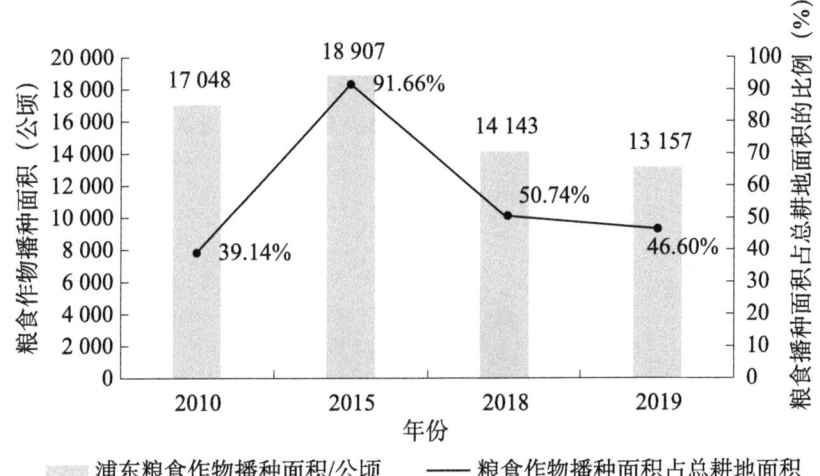

图 3-2 2010—2019 年浦东新区粮食种植面积及其占比走势

一是一般农户表现为"三个农民 200 岁";二是规模经营主体方面,以家庭农场为例,根据《浦东新区家庭农场认定办法》,浦东新区家庭农场经营者的年龄要求一般在 60 周岁以下,实际在 50~59 岁的占比就超过 40%,39 岁及以下的青壮年占比仅 16% 左右;三是农业技术推广人员方面,新区涉农镇的有编农技推广人员中,年龄在 50 岁以上的超过 30%。从农村实用人才学历结构看,初中及以下的仍占多数,比重近 46%,大学本科及以上学历的占比仅为 12%(图 3-4),总体水平仍有待加强;从农业技术推广人员学历结构看,浦东新区涉农镇的有编农技推广人员中只有

25%具有本科以上学历。

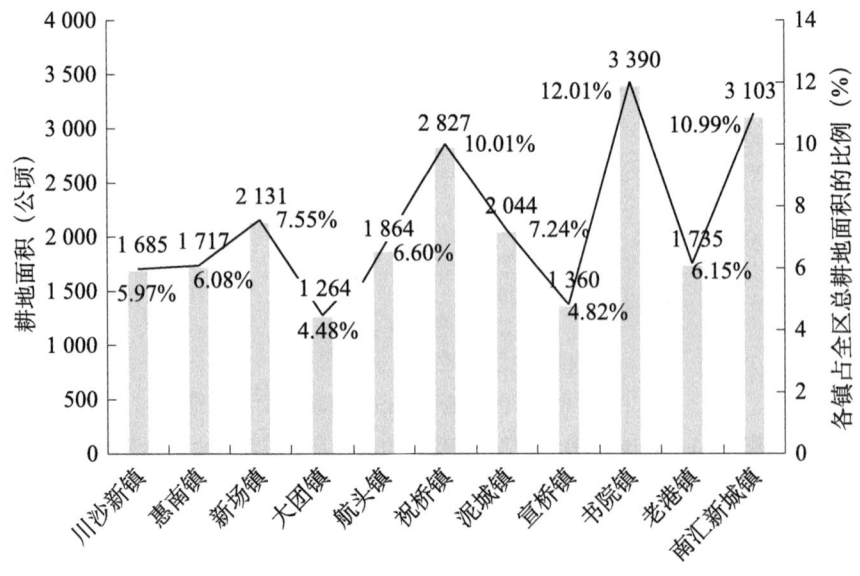

图3-3 2019年浦东新区主要农业镇耕地面积及其占比

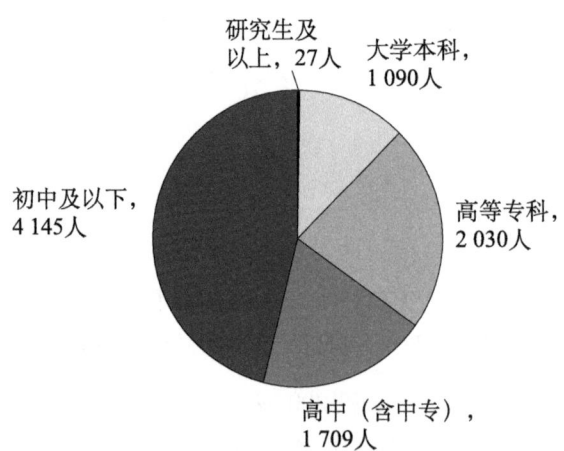

图3-4 2019年浦东新区农村实用人才学历结构

从农业产业化组织水平看,浦东新区总体水平较高。从农业产业化组织的总量上看,2019年,浦东新区共有676个农业产业化组织,仅次于崇明区;从产业化组织的行业分类看,以种植业为主;从产业化组织带动形式看,主要为龙头企业带动型和专业合作经济组织带动型,其中1亿元以上的龙头企业就有15个,专业合作经济组织598个,区级以上示范农民专业合作社199个，家庭农场546家，其中市级示范家庭农场9家；从产业化组织与农户联结方式看，主要有合同关系、实行利润返还、股份分红，以及有稳定购销关系这几种方式，其中以股份分红和实行利润返还为主；"三品一标"认证覆盖率达81.07%，无公害农产品认证企业数、绿色食品认证企业数、有机农产品认证企业数分别达345个、83个、6个。

从农业经济总量看，浦东新区的农业GDP总量及其占总GDP的比重呈持续缩减趋势。2019年，浦东新区农业总产值47.01亿元，较2010年减少了32.71%（图3-5）；农业总产值占GDP的比重总体呈下降趋势，由2010年的1.42%下降至2019年内的0.37%（图3-6）。有15个镇的农业总产值超过1亿元，其中，祝桥镇、大团镇、老港镇、泥城镇、书院镇排名靠前（图3-7）。

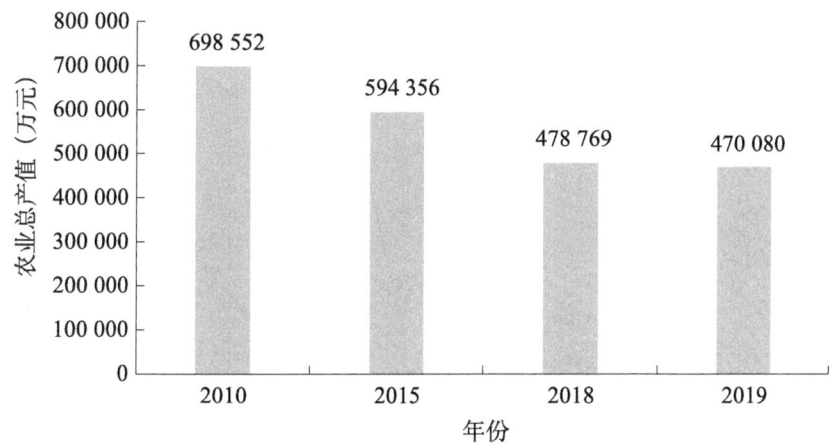

图3-5 2010—2019年主要年份浦东新区农业总产值

从农业产业结构看，种植业仍是浦东新区农业产业的主体，牧业规模缩减，农、林、牧、渔服务业稳中有增，一二三产业融合发展趋势明显。2019年，浦东新区种植业、林业、牧业、渔业、农林牧渔服务业总产值分别占农业总产值的71.9%、4.4%、2.7%、11.6%、9.3%，相应占比与2010年相比分别增加了15.2%、增加了2.9%、降低了23.5%、增加了1.4%、增加了3.9%。从种植业看，除了稻谷是浦东新区主要的粮食作物之外，还有少量小麦，经济作物则主要是蔬菜、水果等。其中，2019年浦东新区粮食产量95 077吨，仅次于崇明区和金山区，比2015年减少了17.6%；从牧业看，以生猪养殖为主，其次为家禽和少量水产养殖，2019

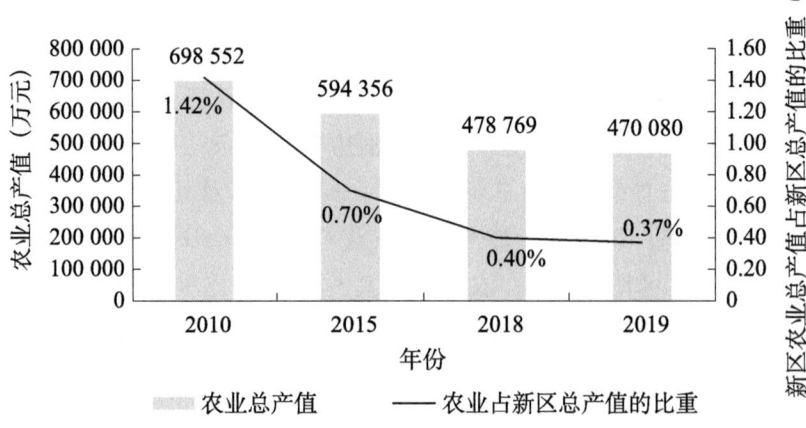

图3-6 浦东新区农业总产值占GDP比重的走势

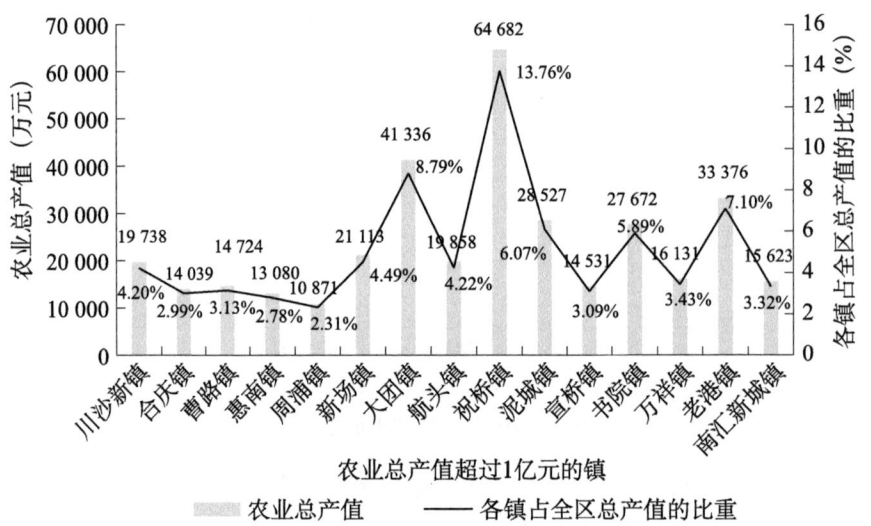

图3-7 2019年浦东新区主要农业镇农业总产值及其占比

年浦东新区生猪出栏3.5万头、家禽出栏27.5万羽,分别比2010年减少了93.79%、98.56%。受环保压力及中心城区扩张带来的建设用地挤占等因素影响,浦东新区牧业规模缩减明显。浦东新区通过以一二三产联动,大力发展休闲农业和乡村旅游,一批知名休闲农业项目日益凸显。以桃花节为例,2019年的桃花节共接待游客超300万人次,同比增长超过13%,营收超2亿元,同比增幅超过45%。

浦东新区农地适度规模经营水平有力提升。通过鼓励农地规范有序流转，将分散种植的农地集中到家庭农场、合作社、龙头企业等新型农业经营主体，有力推进了农业规模经营水平。浦东新区各镇都建立了农地流入方的资质审核制度，对农业经营主体的资质进行审核，如川沙新镇要求农地流入方需通过区级相关部门的农业基础知识测试，才能签订流转合同。引导农地流转通过村集体组织在平台进行，并签订书面合同，录入"上海市农村土地承包经营信息管理系统"，有效避免私下协商现象。浦东新区区级财政对符合条件的流出户给予1 000元/（亩·年）（注：1亩≈667平方米。全书同）的补贴，并建立履约风险保障机制，引入社会保险金融机构对流出户的利益进行风险保障。各镇积极探索农地流转市场机制，如航头镇开展农地承包经营权公开流转交易市场建设，周浦镇探索农地流转信托机制，新场探索建立土地股份合作社等。截至2020年12月底，浦东新区农村承包土地面积23.21万亩，其中承包地流转面积19.08万亩，流转率高达82.2%。

浦东新区农业品牌影响力日益凸显。立足本地资源特色，做强地产农产品区域公用品牌、企业品牌、产品品牌，以"最优的品种、最好的品质、最响的品牌"为战略目标，制定了高于市级地方标准的5个上海市企业（联盟）标准，打造了南汇8424西瓜、南汇水蜜桃、南汇翠冠梨、玉菇甜瓜等品牌。特别是围绕南汇水蜜桃做了大量工作，如制定《南汇水蜜桃产业提升工作方案》，积极探索将南汇水蜜桃产业做成全国水蜜桃品种布局最优、现代农艺管理水平及科技含量最高、品牌知名度最响亮、多产融合最紧密、经济效益最高的产业。

浦东新区地产农产品电商蓬勃发展。出台《浦东新区地产农产品产销对接奖励补贴实施细则》，设立区级农产品公益网络销售平台物流奖励补贴：在区级农产品公益网上平台销售的，给予每单物流费50%的补贴，每单最高补贴5元，单个单位每年补贴不超过30万。此外，参加区农业农村委组织的公益平台推广促销活动的农业经营主体，对其农产品销售物流费给予全额补贴。重视通过电商培训引导拓展电商销售，举办"浦东新农人直播电商培训班"，为浦东新型农业经营主体量身定制抖音小视频制作、直播引流技能等课程。积极支持鼓励各类新型农业经营主体利用公益电商平台（如浦农优鲜）运营经验做电商做直播。

浦东新区农业数字化在积极探索中前进。构建覆盖农产品质量、农村环境、农田管理、农资生产经营、农业机械、农村集体资产等场景的农业农村综合监管的信息化平台，探索实现农业行业监管的经济治理、社会治理、城市治理的全要素全链条监管。探索开展区块链技术在农业农村监管上的应用。2018年至2021年，浦东新区连续3年被农业农村部评为全国县域数字农业农村发展先进县，并入选国家数字乡村试点。

浦东新区支农项目和资金管理办法不断完善。通过制定《浦东新区现代农业发展专项项目和资金管理办法》，整合资金项目，向粮食生产功能区、蔬菜生产保护区、特色农产品优势区等"三区"的能力提升倾斜，重点发展绿色农业、循环农业和种源农业，推进三产融合发展。

总体看，浦东新区农业的产业结构逐渐趋于相对稳定，产业多元化的格局逐渐形成，特色农业优势不断凸显，初步形成了老港、南汇新城、惠南等镇的粮食主产区，曹路、宣桥等镇的蔬菜主产区，新场、大团、书院等镇的特色农产品优势区。浦东新区一直围绕都市现代绿色农业发展要求，将粮食生产功能区、蔬菜生产保护区、特色农产品优势区作为农业生产的基底，不断夯实农业产业基础，提升农业产业能级，先后入选了中国特色农产品优势区、全国农村创业创新典型示范县、全国农村一二三产融合发展先导区。

（二）浦东新区农村治理情况

近年，浦东新区以建设美丽庭院和美丽乡村为重要抓手，推动乡村治理。在推进相关工作中，注重运作模式创新和机制创新，并通过督导和评价促进相关工作。为有效避免"政府干、村民看"的误区，浦东新区以镇村为主体统一谋划实施方案，以农委、妇联为主体组织实施，以"三老"（老书记、老队长、老工匠）等为骨干，充分调动和发挥村委会、农户家庭和个人的主观能动性，把基层自治组织的自我教育、自我服务、自我管理作为建设中的动力，形成了良性循环。建立了4套班子分头参加每月一次工作例会的制度，下基层调研情况及时发现问题，指导工作。区农委、区妇联建立"双周现场例会"制度，及时总结推广工作推进中的亮点和特色，定期组织现场参观学习、开展横向交流。由区农委、区妇联共同成立"推进工作组"，建立了由来自各镇推派的副处以上调研员组成的督导组。各镇设立督导员，根据区位、庭院数量建立督导组，督导员经常深入到村组进行协调推进、暗访督查。广泛开展由区妇联牵头的美丽庭院星级户评选，设定不同等级，并辅以一定的精神和物质激励，以此提升农户参与创建的积极性。值得特别提出的是，浦东新区在总结经验的基础上，制定了"三美两好"的"美丽庭院"的创建标准，即生态美、风貌美、新风美，产业发展活力好、群众参与机制好。在对浦东新区农村居民满意度调研中发现，绝大多数受访者都非常认可浦东新区生态环境的改善，以及交通基础设施的提升，农村人居环境的提升认可度较高。

与此同时，浦东新区高度重视农村精神文明建设和农村社会治理。注重以农民的文化需求为导向，通过文化引领为乡风文明营造积极氛围。通过开展"村民修身行动"、推进"家门口"文化服务站建设、加大对文化遗产的保护与利用、强化公共体育服务等，大力推进农村精神文明建设。通过加强镇级服务型政府建设，积极探索自治、共治、德治、法治"四治一体"的乡村治理工作法，推进"阳光村务工程"，完善以村党组织为领导核心、村务监督委员会为主要形式、村务公开为主要手段的村级民主监督长效机制，共同形成乡村治理的有效机制，使得乡村治理走向融合有序。

（三）浦东新区农民增收情况

浦东新区农村居民收入增幅明显。2012年起，浦东新区就开始实施"农民收入倍增计划"，目标是到"十二五"期末，实现农民收入比2009年翻一番，并分别针对农民的工资性收入、经营性收入、财产性收入、转移性收入提出了具体目标。"十二五"时期，浦东新区农村居民人均可支配收入实现连续快速增长，从2010年的14 555元增加到2015年的25 142元，年均增幅11.6%，高于城镇居民人均可支配收入增幅，较好地实现了倍增目标。"十三五"时期，面对较为复杂严峻的外部环境，浦东新区全面实施"四高"战略（即高水平改革开放、高质量发展、高品质生活、高素质队伍战略），全方位推进"五大倍增行动"（即产业能级倍增、项目投资倍增、功能优势倍增、土地效益倍增、服务效能倍增），积极应对各种风险挑战特别是新冠肺炎疫情的严峻挑战。农村居民人均可支配收入从2015年的25 142元增长至2020年的38 540元（图3-8），年均增长8.9%，高于城镇居民人均可支配收入的年均增速（2015—2020年城镇居民人均可支配收入增速为7.8%）。城乡居民收入比从"十一五"末期的2.22:1缩小至"十二五"末期的2.14:1，再到"十三五"末期的2.03:1，一直位于全市各郊区的前列。市级百强村中，浦东新区有8个村入围，其中川沙新镇界龙村排名靠前，可支配收入高达4 776万元。

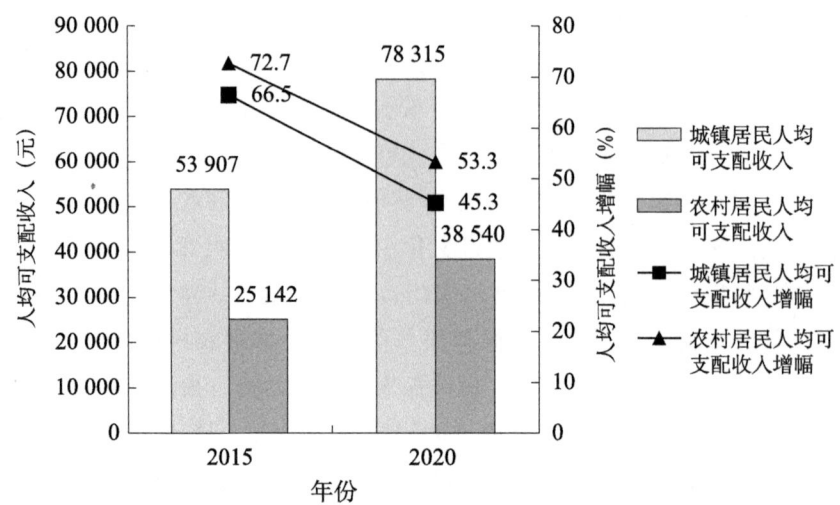

图3-8　2015年、2020年浦东新区城镇、农村居民人均可支配收入

浦东新区农村集体经济组织产权制度改革稳步推进，集体经济发展取得成效。2018年，已有354个村改革成立村经济合作社，各镇成立了农村集体资产监督管理委员会，有8个镇完成了镇级集体产权制度改革，成立镇经济合作联社。农村集体总资产近900亿元，其中镇级、村级、组级分别占80%、19%、1%，净资产超过250亿元，其中镇级、村级、组级分别占60%、37%、3%。浦东新区农村集体总资产和净资产总额位居全市前列，仅次于闵行区。2011—2018年，浦东新区农村集体总资产年均增长超过9%，净资产年均涨幅超过8%。

浦东新区农村居民保障水平得到了有效提升。通过推进城乡教育均衡化发展、增加农村地区优质卫生资源配置与医疗服务供给、优化农村区域养老资源配置、打造社会事业"15分钟服务圈"全覆盖等，有效提升了农村居民的保障水平。

第四章 浦东新区农业产业化联合体培育研究

研究遵循上下结合、点面结合、相对独立、科学规范的原则,在文献梳理的基础上,采用实地调研、专家座谈等方法,广泛听取了相关各方的意见和诉求。先后赴南汇水蜜桃品牌联合社、上海市桃研究所等单位调研,召开了水蜜桃相关合作社负责人、桃农代表座谈会,召开了水蜜桃相关产业代表座谈会,听取了上海市南汇区供销合作总社主要电商平台、龙头企业、行业协会等水蜜桃相关生产、加工、销售、农业综合体代表的意见和建议。

一、浦东新区农业产业化联合体的基本情况

(一) 农业产业化联合体的形成

1. 农业产业化联合体形成的基础

上海农业产业化快速发展,"公司+农户""公司+合作社+农户""公司+家庭农场"等多元产业化组织形式,促进了农业的规模化、集约化。截至2017年底,上海各类农业产业化龙头企业380家,全年实现销售收入1 275亿元,生产基地建设规模375万亩,带动本地农户10.5万户,订单采购额157.5亿元(表4-1)。据对上海2 813个农民合作社统计调查,2017年农民合作社平均农田经营面积、拥有农民合作社成员、带动农业从业人员、年均经营收入、分别为376.8亩、16人、80.5人、299.3万元[①](表4-2)。浦东新区龙头企业带动型的农业产业化组织有95个,其中,销售收入1亿元以上的龙头企业就有17个。浦东新区的农民专业合作社681个,以种植业为主,以产加销一体化服务为主,平均每个农民合作社

---

① 数据来源:上海市农业委员会办公室. 上海培育新型农业经营主体发展报告[EB/OL]. [2018-07-16] http://www.shac.gov.cn/nw/2017fzbg/20180716/76014.html.

农田经营面积、拥有农民合作社成员、带动非成员农户数、年均经营收入分别为531.9亩、6人、55户、337.3万元,整体农业产业化水平在全市名列前茅,为农业产业化联合体的培育奠定了坚实基础。

表4-1 上海龙头企业经营情况(2017)

类目	龙头企业个数	全年销售收入	基地规模	带动农户	订单金额
数量	380家	1 275亿元	375万亩	10.5万户	157.5亿元

表4-2 上海农民合作社经营情况(2017)

类目	农田经营面积	平均合作社成员	带动从业人员	年均经营收入
数量	376.8亩	16人	80.5人	299.3万元

2. 农业产业化联合体的成因

各种产业化组织在市场和规模经济中产生,又在市场和规模经济中成熟和发展。农业产业化联合体就是农业产业化组织成熟和发展过程中形成的新型组织形式。首先,农业产业化联合体的形成来自各种产业化组织自身的需要。规模化是提高经济效益的重要前提,由于都市农业的人地矛盾突出,各种农业经营主体规模相对较小,如何在规模不大的条件下,实现农业产业化主体的适度规模经济,是农业产业高质量发展的重要课题。其次,农业产业化联合体的形成来自市场的竞争要求。现代市场的竞争已不是单个主体的竞争,而是整个产业链的竞争。市场经济的发展,新型农业经营主体为了降低交易成本、规避市场不确定风险,以及互相利于彼此富余的要素和资源,客观上需要在各种相关产业化组织之间通过契约关系,形成产业组织的联合体。通过适度规模经营的积极探索,家庭农场已成为都市农业区农业产业化联合体的基础经营单元。龙头企业在对接各家庭农场中存在交易成本较高、信息不对称、监督成本高的问题,因此,龙头企业直接对接家庭农场,双方违约现象层出不穷。这时农民合作社作为中介载体加入,龙头企业通过农民合作社为家庭农场提供专业化服务、技术指导、培训、资金等,通过农民合作社保障订单合同履约,有效降低了龙头企业对家庭农场直接对接的执行与监督成本,同时也有效提升了家庭农场对接大市场的能力。

(二)农业产业化联合体的基本特征

农业产业化联合体是龙头企业、农民合作社和家庭农场等新型农业经营主体以分工协作为前提，以规模经营为依托，以利益联结为纽带的一体化农业经营组织联盟。具有以下基本特征：一是在联合发展的基础上强调独立经营。一般由一家龙头企业牵头、多个农民合作社和家庭农场组成。各成员产权明晰，保持运营的独立性和自主性，通过签订合同、协议或制定章程等形式，协同开展农业生产经营。现阶段，联合体不是独立法人，与联合社、行业协会等不同。联合社是农民合作社之间的联合，协会更注重的是沟通、服务和自律，属于社团组织，没有上下游产业的深度经济往来。二是强调各成员有明确功能定位。以龙头企业为带动引领，以家庭农场为基础，以农民合作社为纽带。三是通过要素融通，合作相对稳定。与传统订单农业或"公司＋农户"的模式不同，联合体是基于合同契约实现产品交易的联结，通过资金、技术、品牌、信息等融合渗透，实现各类资源要素的合理配置。联合体成员间建立了共同章程，形成了对话机制，成员相对固定，建立了长期稳定的联盟，有助于降低违约风险和交易成本。四是农民充分受益。联合体通过产业链的延伸，提高了资源配置效率，相关企业议价能力提升，生产成本下降，使得产业增值、农民受益。

（三）浦东新区农业产业化联合体雏形

浦东新区农业产业化联合体已初见雏形。水蜜桃产业是浦东新区具有显著优势的农业产业，鉴于水蜜桃产业在浦东劳动、技术和资金密集度较高，市场发育度也相对较高，浦东水蜜桃业农业产业化组织发展较早，也较为成熟。因此，这里主要以水蜜桃产业化联合体为例进行研究，农业产业化联合体的牵头企业对产业链的组织能力决定了联合体的发展能级。已有雏形的牵头主体主要有以下四类。

（1）服务型行业协会。以南汇水蜜桃品牌合作联社为代表。该合作联社是在浦东新区农委的指导管理和浦东新区农协会的牵头下，由浦东新区多家桃业合作社一起发起成立的非法人性质的南汇水蜜桃品牌合作联社。其优势表现为：一是标准化生产体系建设具有一定基础。南汇水蜜桃品牌合作联社制定了"三个上海市团体标准"规范整个生产管理、采摘、分级包装销售的全过程。二是有较稳定的销售渠道。现阶段稳定的销售渠道是电商平台，电商渠道（天猫、苏宁、一号店）销售额占其总销售额的30%左右等，较多的成员单位都有自己的销售渠道，通过微信朋友圈、自有微店等销售。三是品牌宣传有一定路径。在浦东新区农委专项补贴资金的支持下，品牌合作联社通过主流媒体、报纸（如解放日报、新民晚报）等推进品牌宣传。

（2）销售型龙头企业。以南汇供销社为代表，其优势表现为：一是企业实力雄厚，销售网络强大。南汇供销社不仅自身拥有下属企业36家，乐农超市及乐农农资公司门店网点共计217家，还打通了一批一线渠道商，如与盒马生鲜、京东、苏宁、市果品、妙生活、诚实果品等一线渠道商开展大团蜜露桃销售合作。二是在扩大品牌影响力方面有一定经验。开展了长期的大团蜜露桃销售推广实践，在树立优质品牌形象、开启预售新模式、构建桃可追溯体系、开展桃品牌推介活动、探索"供销社+镇政府+村委会+农民"合作模式等方面均有所突破，带动桃农增收、扩大桃品牌影响力等取得显著成效。2018年，南汇供销社直接收购大团蜜露桃46.5吨，助农销售近200吨。

（3）加工型龙头企业。以上海新成格林尔食品有限公司为代表。其优势表现为：一是加工品研发能力较强。企业发展态势良好，产品研发能力强，市场开拓及品牌营销实力雄厚，能有效提升等外果（桃）的附加值。主要以等外果为原料，研制、开发水果类冰淇淋等附加值高的产品。二是加工品受到市场认可，有自己的销售渠道。加工品受国内外消费市场认可，除了进入国内麦德龙、沃尔玛、盒马生鲜、喜士多等大型超市与零售店外，还远销美国、日本、东南亚及中国香港、中国台湾等国家和地区。

（4）规模生产型合作社。以桃咏专业合作社为代表。其优势表现为：一是带动农民进行标准化生产的能力较强。合作社以科技服务为支撑，对周边果农实行标准化生产管理，实施品牌战略，不断拓展市场，对实施优质农产品产业化经营，促进农民增收贡献显著。已建设了500多亩现代标准化的农产品基地，签约760余农户，建立50多人的营销员队伍，形成了"合作社+农户+基地"产销格局。二是品牌建设方面已有一定基础。2009年，"桃咏"牌新凤蜜露桃通过绿色食品认证，2010年获得上海市著名商标、上海市名牌产品称号，同时又获得国家地理标识产品保护、世博特供基地产品，在上海市及全国优质农产品评比中屡次摘得"金奖"，2015年被评为全国百个农产品品牌，2016年把南汇水蜜桃首次推向中国香港市场销售。三是品牌推广方面有一定探索。合作社不仅积极参与农产品交易会和农博会，建立自己的网站，开设了网上淘宝专卖、1号商城专卖平台、融e购及天猫商铺，面向国内外消费市场，通过交易和宣传，扩大品牌效应,与此同时,以合作社为龙头,在浦东新区农委和浦东新区农协会的具体指导下,打造品牌瓜果联销平台并担任总经销单位,实施团队合作战略。

二、农业产业化联合体的结构和机制

(一) 产业发展现状

(1) 水蜜桃生产概况。浦东新区的土壤多为黄泥土和粉黄土混合沙壤土质,土层肥沃、中性偏碱,东临大海,年降水量为 1 200~1 400 毫米,这样的气候有利于水蜜桃的培育和生长,造就了南汇水蜜桃特有的风味与品质。从面积上看,浦东新区桃树面积 2.8 万亩,占全市的 40% 左右,是上海桃种植面积最大的区。水蜜桃是浦东新区主要水果品种,以中晚熟品种为主,如新凤蜜露、大团蜜露、湖景蜜露等,占全区果树总面积的 56% 左右,集中分布在大团、新场、周浦、川沙等镇,年产量约为 3.6 万吨。从种植规模的趋势上看,浦东新区水蜜桃种植面积在逐年减少,相比 10 年前的 5 万亩减少了 44%(图 4-1)。规模的缩小意味着产业的升级,从生产、加工、销售各方面走精品化路线。从品种上看,品质最突出、最为出名的是新凤蜜露、大团蜜露和湖景蜜露。这些南汇水蜜桃具有个头大、色泽红润、肉质厚实致密、糖度高等优点,在全国林业名特优新产品博览会、"星火杯"创造发明竞赛以及上海市优质桃评比中屡屡摘金夺银。目前,三大品种水蜜桃成为"南汇水蜜桃"的主推品种(表 4-3)。

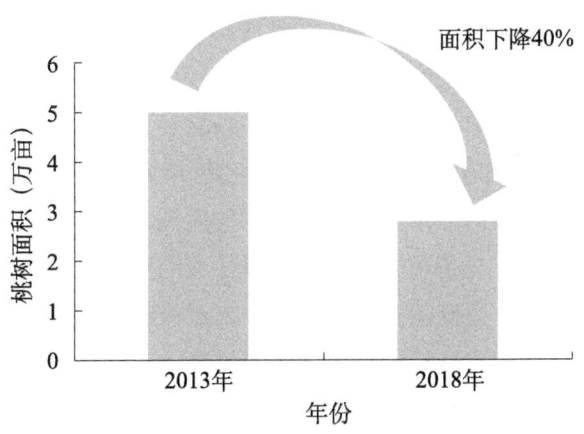

图 4-1 浦东新区桃树面积变化趋势

表 4-3　浦东新区三大水蜜桃种植情况

品种	种植面积（亩）	总产量（吨）	总产值（万元）	农户总数（户）	果树总面积（亩）
新凤蜜露（新场镇）	3 653	3 858	5 841	3 150	5 554
大团蜜露（大团镇）	8 560	6 794	8 697	9 200	11 500
湖景蜜露（川沙镇）	707	743	956	120	3 495
合计	28 034	23 946	34 311	20 568	50 595

资料来源：调研整理。

（2）南汇水蜜桃品牌概况。为了保护和优化土生土长本地水蜜桃的品种，2001年，南汇县农业委员会和老港镇联合创建了上海市桃研究所，在南汇开启了水蜜桃科研工作。2005年上海市桃研究所申请的"南汇水蜜桃"被批准为国家原产地域产品保护的农产品，这是上海市的首个农产品品牌荣誉。2010年，"南汇水蜜桃"获得国家地理标志认证，继而成为浦东新区四大品牌瓜果之一。2011年，"南汇水蜜桃"被浦东新区品牌专业委员会列为首选品牌推进建设。经过多年的发展，"南汇水蜜桃"的品牌知名度进一步得到提升。2017年浦东选送的"新凤蜜露""大团蜜露"品牌水蜜桃在2017年中国园艺学会桃分会"新沂杯"评比中荣获金奖。2017年，"南汇水蜜桃"荣获全国百强区域公用品牌，在农业部等9个部门公布的第一批中国特色农产品优势区中，浦东凭借"南汇水蜜桃"光荣上榜，成为全国唯一以水蜜桃为特色入围的地区，也是上海唯一上榜的优势区。目前，品牌"南汇水蜜桃"定位在高端市场，走精品化路线，以优良的果品品质来吸引消费者，严格品牌的准入要求，稳定"南汇水蜜桃"的最佳品质，提升"南汇水蜜桃"的品牌形象，增加南汇桃农的创收，使南汇水蜜桃这一地产水果健康可持续发展。

（3）南汇水蜜桃产业融合概况。浦东新区注重通过产业融合促进农业产业发展。从1991年开始，上海南汇地区每年3—4月都要举办桃花节，通过桃花节这一节庆活动来促进休闲农业的发展，实现产业融合，从而更好地延伸产业链，提升价值链。30多年来，"南汇桃花节"已经成为上海一个知名旅游品牌，受到消费者的青睐。南汇人将桃文化与旅游业深度融合，有效提升了南汇水蜜桃的知名度和美誉度，吸引了大量本市居民以及上海周边的游客前来踏青旅游。南汇桃花节将美丽的自然景观与淳朴的乡情民风水乳交融，通过各个景点的整合，陆续开发旅游项目，让游客在桃园既可垂钓，也可品尝富有乡野趣味的农家美食，还可观赏舞龙舞狮、桃花篮、江南丝竹、锣鼓书、荡湖船等具有浦东地方特色的民间文艺表演，让游客在赏花的同时，也陶冶了情操。

（二）农业产业化联合体的内部结构

以南汇水蜜桃品牌合作联社为例，对于浦东新区水蜜桃产业化联合体的内部结构和机制进行剖析。南汇水蜜桃品牌合作联社成立之初只有成员6家，后来迅速扩大至35家，其中近30%的成员有自己的签约农户，合作联社基地种植面积已达9 162亩。要指出的是，虽然冠名水蜜桃品牌合作联社，经营中以水蜜桃为主，但并不排除其他农产品。"1+3"是南汇水蜜桃品牌合作联社的基本结构。其中"1"是桃咏专业合作社。桃咏专业合作社在其中规模最大，产品质量最好，市场认知度最高，是整个联合体事实上的龙头企业。"3"是指3个不同的经营圈。

第一个是自产自销经营圈。联合体成员一般通过流转承包地，自己生产经营。桃咏专业合作社有900亩农地，其中500亩种植桃树、梨树和无花果树，另外还在海边种植400亩西瓜甜瓜，每年自产自销1 000多万元，这是一个紧密圈，合作社对于农户具有直接管理功能。在这个圈内对种植有严格的要求。第二个是签约订单经营圈。联合体成员与周边农户签约，对于这些农户实行的是签约式的管理。第三个是品牌平台经营圈。浦东34家合作社成立品牌联销平台，作为浦东瓜果销售的龙头，桃咏专业合作社以其规模、销售团队和负责人信誉度高，被推荐为总经销商。

在3个经营圈中，自产自销的生产经营基地是核心和样板，也是整个品牌联销平台中的重要生产基地。生产基地通过无公害认证和绿色认证，2010年在上海市各类优质农产品评比中，其拳头产品"桃咏牌"新凤蜜露桃被评为"金奖""桃风味皇后"奖，"桃咏牌"西瓜、葡萄和翠冠梨都被评为"银奖""最受市民喜欢"奖，2010年荣获上海市著名商标、上海市名牌产品，同时又获得中华人民共和国原产地域产品标志、世博会特供基地产品和绿色产品认证，生产设施、生产水平、社员收入和市场占有率都名列同行业前茅。没有生产经营基地的上述业绩，对于其他基地和农户的示范带动就没有了前提和依据，实现更大规模的品牌销售，也失去了凝聚力。

(三) 农业产业化联合体中龙头企业的核心作用

"实力+能力+信用"使得桃咏桃业专业合作社成为浦东南汇水蜜桃品牌合作联社 34 家专业合作社的龙头。在"实力+能力+信用"背后的是桃咏的科技和市场资源优势。但仅仅依靠这些仍然不够，还需要标准和规范。

第一，桃咏桃业专业合作社对于签约农户，提供种苗、技术指导和购买生产资料的定金，根据签约规定的技术质量标准收购瓜果。合作社收购价一般比周围农村高出 1~2 元，如水蜜桃市场价 10 元，合作社收购价也是 10 元，略高于周边价格。第二，桃咏桃业专业合作社对于进入联销平台的其他合作社和农户，实行"六统一"和"三个标准"。"六统一"指：统一技术、统一标准、统一质量、统一商标、统一包装、统一价格。"三个标准"，一是指水蜜桃标准，一是指西瓜标准，一是指包装标识。《南汇 8424 西瓜生产操作规范》《南汇 8424 西瓜产品质量标准》和《南汇 8424 西瓜包装标识》等 3 个上海市企业（联盟）标准和规范经浦东新区技术质量监督局备案审定发布。"南汇水蜜桃"的生产操作规范、产品质量标准和包装标识也已审定发布。联销平台组织相关专家，在田头高频率检查签约农户是否按照"六统一"和"三个标准"种植和包装，以保证质量。

(四) 农业产业化联合体的有效功能

有了水蜜桃产业化联合体，以前面广量大分散经营的农户以及规模不大的农业经营主体办不到的事，现在大都可以办到。一是可以统一采用优质的瓜果品种。现在主栽品种为新凤蜜露桃由上海桃研究所提供，平均单果重 200 克，最大果重可达 400 克，果形端正，色泽鲜亮，汁多味甜，可溶性固形物含量 14% 以上。二是可以实现科技种田，为了保证生产优质果品，农户自觉采用新技术种植水蜜桃。如西瓜种植普遍采用人工授粉，水蜜桃人工套袋保护果子。三是采取最新的销售手段。销售平台积极推进线上销售，只要飞机能到达的地点，24 小时之内保证到达，一年内线上销售占比已经达到 10%。品牌平台销售的瓜果，都采用了可追溯的二维码，消费者用手机扫描二维码，就能知道从种植到销售的相关信息，例如种子来自哪里，何时施了多少肥，种瓜管理者是谁，有没有进行农药残留检测等。四是可以统一价格，保护果农的权益。长期以来由于竞相杀价，浦东优质瓜果，卖不出优质价格。建立了品牌销售平台，在严格掌控入台产品质量的前提下，通过桃咏桃业专业合作社联席会议，协调统一了保底价格。保证优质优价，克服了无序竞争。五是有利于政府支持农业从输血转向造血。与农民分散相适应，过去政府对农业的支持往往像撒胡椒面，输血不造血。建设了品牌平台后，政府的支持可以集中在有利于生产和销售的关键环节。近年来政府通过新区农协会在种子资源、保障标志、广告宣传和专家培训上对于新区瓜果生产经营者的资助，都产生了立竿见影的效果。六是提高了农户的收入。以前互相压价，西瓜收购价一般只有8元/千克，现在售价在14~16元/千克。水蜜桃亩产普遍能达2万元，个别甚至超过3万元。

三、农业产业化联合体发展中的瓶颈问题

（一）产业基础薄弱，生产经营能力有待提升

提高生产能力是水蜜桃产业联合体培育的出发点及根本点，也是联合体发展的重要支撑。目前，浦东水蜜桃生产面临的主要问题有三点较突出：一是果园老化严重。10年以上桃树面积较多，截至2017年底，浦东新区水蜜桃种植面积达2.8万亩，其中十年生以上桃树面积超过桃树总面积的50%，盛果期桃树面积占比仅30%。部分品种也有待更新换代。但水蜜桃的新品种更新，一般3年才能挂果，桃农的更新换代积极性不足。二是种植品种重叠单一。成熟期非常集中且时间短，目前浦东新区种植的主要三大品种的收获季节多在每年的7月10—30日，仅20天左右。三是种植人员老龄化问题凸显。桃种植户普遍在65岁以上，文化程度在初中以下的约占75%。桃树管理是精细化作业，从业人员老龄化使得管理技术难以传承。

（二）产业化运营水平低，品牌建设亟待加强

品牌是产业发展的核心竞争力，目前南汇水蜜桃的品牌建设尚显不足。一是产业化经营水平有待提高。水蜜桃生产经营的产业化是水蜜桃品牌发展壮大的依托。据不完全统计，种植南汇水蜜桃的农民合作社87家、家庭农场52家、散户9 000余家，呈点状分布，导致现有种植水平与科技

装备不匹配。这些问题不仅制约浦东新区水蜜桃产业生产管理成本及生产效率，更影响桃品质提升及品牌建设，严重削弱桃产业核心竞争力，限制桃产业的发展能级。二是政府对南汇水蜜桃品牌的保护力度不够。达不到高品质的水蜜桃在市场上随处可见，消费者难辨真伪，优价未必能买到优质水蜜桃，存在劣币驱逐良币现象。三是尚未形成标准化生产和精细化分级。国产水果的分拣流水线只能确保水果的大小一致，但无法保证品质的一致性。调研中发现，进口水果分拣机可有效测量糖度、水分、内部有无空洞腐烂等指标，挑选达标水果统一装箱，充分保障水果品质的一致性。一方面可以有效杜绝以次充好的问题；另一方面，可将产品精细分级，满足不同层级消费者市场需求。但目前浦东新区尚无这类进口水果分拣机。

（三）牵头主体选育困难，带动效应不足

调研中发现，已有联合体雏形的各类主体各自为政的现象凸显，由一个龙头企业牵头的难度较大，对带动产业整体联动发展能力不足。龙头企业应该是农业产业化联合体的"发动机"，龙头企业在市场上的地位会直接影响联合体本身的强弱，龙头企业辐射带动能力强，才能起到拉动联合体做强产业链的作用。

（1）服务型行业协会——南汇水蜜桃品牌联合社。对市场与合作社的协调调控管理能力不强。由于联合社并非独立法人，其市场运行能力不足。近期突出表现是，盒马鲜生直接跳过品牌联合社，直接与各合作社对接，导致市场出现无序竞争。对合作社成员吸引力降低，部分成员主要是为了享受免费包装补贴以及满足免费宣传的需要，才勉强维持成为联合社的成员。

（2）以南汇供销社为代表的销售型龙头企业。现有销售产品单一。以鲜桃为主，高附加值桃产品有待扩充推广。南汇供销社虽是企业主体，但由于其属于国资委下辖企业，多依靠政府资金支持，市场化运作机制不足，市场活力有限。没有自己的技术研发部门，缺少技术创新和开发，如果单纯依靠市场营销和依赖第三方技术，外部风险性较大。

（3）以上海新成格林尔为代表的加工型龙头企业。基础设施有待加强。公司现只有3 300平方米的现代化厂房，1 000吨、-18℃的现代化冷藏库，30吨、-35℃的速冻库，冷库等基础设施相对较薄弱，加工能力有限。带动能力有待论证。企业以加工为主，产业链不长，桃子加工品种单

一，目前来看，浦东水蜜桃产品在其生产经营份额中占比不大，且与普通农户联系不紧密，对浦东桃产业发展、品牌建设等带动效应还有待论证。另外，存在外部市场不可控因素，有一定经营风险。

（4）以桃咏为代表的规模生产型合作社。产品结构相对单一，缺乏大批量高端消费平台，产业链条短，对桃产业品牌价值提升能力不足。

（四）利益联结不紧密，联合体纽带黏性不足

作为产业、要素与利益紧密连接的联合体，其有效运行依赖于农机、技术服务、利益分配等纽带联接，目前浦东水蜜桃产业尚未形成有效的产研销一体化利益联结机制。已有的南汇水蜜桃品牌联合社与成员合作社之间仍然限于水蜜桃统一服务的关系，联农带农利益共享机制不多，利益联结相对松散，黏性不足。调研中发现，订单合同约束力不足，市场价高时，部分成员合作社无法履约，市场价低时，成员合作社无法在产业增值中获利，部分成员主要是为了享受免费包装补贴以及满足免费宣传的需要。还有些拥有稳定销售渠道、走高端路线的规模经营主体不愿意进入现有的品牌联合社。联合体的可持续发展必定需要稳定的利益联结，才能完成自我完善和自我修复，如何从种植、采摘、分拣、加工、包装、销售（统一品牌）全产业链加强各环节主体间的利益联结，推动桃产业发展方式的转变和经营方式的创新，是实现做大做强优势特色农产品，推动浦东新区桃产业可持续发展的关键。

四、国内农业产业化联合体的基本经验

安徽、河北等地探索形成了由一家龙头企业牵头、多个农民合作社和家庭农场参与、用服务和收益联成一体的联合体形态。这对于新形势下创新完善利益联结机制、构建农户参与并分享现代农业发展成果、促进乡村振兴开辟了一条新途径。

2018年开始，在河北、内蒙古、安徽、河南、海南、宁夏、新疆等农业产业化联合体发展基础条件较好的省区率先开展试点。试点省区每年安排一定数量的农业综合开发项目，扶持当地农业产业化联合体发展，对农业产业化联合体成员获得政策要求的贷款优先安排贴息。农业银行对农业产业化联合体成员相关贷款的利率原则上执行中国人民银行同期同档次基

准利率，对地方与农业银行合作建立增信机制的，原则上按照存放在农业银行资金额度的 10 倍对农业产业化联合体成员进行放贷。农业综合开发出资的财政股权投资基金、农业银行出资的各类产业投资基金，要在农业产业化联合体成员中积极筛选符合条件的项目进行投资。

安徽宿州市农业产业化联合体发展类型多样，迄今已有包括粮食型、畜禽型、蔬菜型等在内的多种类型农业产业化联合体，在遵循联合体发展共性的同时，逐渐摸索出适合自身发展特点的模式和经验，取得了初步成效。截至 2017 年底，宿州市农业产业化联合体已发展到 252 家，加入联合体的龙头企业 260 家、合作社 832 家、家庭农场 1 701 家，年产值 280 亿元以上。此外，有效带动农户就业增收，截至 2018 年，带动家庭农户近 524 000 户，联合体内部农户的纯收入平均增加 5 200 多元，增长率超过 20%。家庭农场的粮食产量高于周边农户 10% 以上。在提高联合体内农户收入的同时，还带动了周边农户就业与 66 500 多户贫困家庭脱贫。

（一）促成利益联结

农业产业化联合体的本质是一个利益共同体，其健康运行的核心和基石是满足主观意愿的预期收益。达到此目的，需要在生产实践中将产业、要素与利益进行紧密联结，形成"你中有我、我中有你"的格局，其目的是实现利益共享、风险共担。主要从以下三方面促成利益联结：

（1）交易联结。联合体内各经营主体通过签订服务合同、协议的方式，确立在产业链流程中的农产品及农业生产要素的买卖关系。此种买卖关系，需保障各经营主体互利共赢，每一方都要比单独经营时获得更大的经济效益，以此才能实现联合体的持久健康发展。需要指出的是，利益联结的过程本身就包含经营利润在各主体间的分配，因此，有必要形成明确的利润分配机制，利润分配机制的设计要保证公平合理，对联合体中的弱势方（家庭农场/种养大户/小农户）要严格保障其正常收益。此外，要具备保障农户收入正常增长的机制设计。鼓励龙头企业采取"保底收益＋入股分红"等方式，使联合体内其他主体共享具有正常增长机制的发展成果。

（2）要素联结。联合体的日常运行更多的是靠资金、技术、农资、品牌等农业生产要素的维系和联结，形成利益共同体。尤其是通过品牌集聚，联合体以龙头企业为核心，形成合力，优化配置各要素。推进家庭农场/小农户以土地经营权入股等形式向龙头企业参股，保障其原料供应；龙头企业主要负责开拓市场，制定生产全过程的标准，为家庭农场和合作社提供技术、信息和供销服务，并发挥资金优势，为合作社和家庭农场等主体提供金融担保等服务。

（3）互助联结。龙头企业的产业链要素组织能力和市场整合能力较强，适合发挥引领作用；农民合作社组织规模化、标准化的生产性服务具有优势，可以发挥"纽带"作用；家庭农场在种养环节具有优势，可以通过精细管理实现农业生产节本增效。因此，各方可以充分发挥各自优势、取长补短，建立联结机制。如淮河种业公司为家庭农场提供生产资料时，先行垫付资金，收购农产品时再行扣除，解决家庭农场的资金问题。此外，淮河种业公司以公司名义为家庭农场提供贷款担保，而作为回应，家庭农场用土地流转经营权和待收获的农产品为淮河种业公司提供反担保，消除企业的经营风险。

（二）加强机制设计

机制设计就是设计一套制度或规则来达成既定目标，农业产业化联合体发展过程中的机制设计是为了让联合体的发展更加制度化和规范化。

（1）建立分工协作机制。龙头企业负责产业链前端和后端环节，负责产业链组织；农民合作社负责生产服务或组织协调，家庭农场负责种养环节。以淮河粮食产业联合体为例，龙头企业承担农产品经营销售、制定生产规划和标准，以优惠价格采购农资，以高于市场价格回收农产品；农民合作社向家庭农场提供技术和作业服务，有了稳定的服务面积和集中连片作业环境，提升了作业效率，同时也在组织农资配送、产品回收中获得相应收入；家庭农场有了稳定的销售渠道和优惠价格，可以专注于新品种、新技术应用，扩大经营规模，增加农业收入。这样通过各方主体取长补短、分工合作，解决了单独经营时存在的难题，形成了相互依赖又各自独立的盈利模式。

（2）完善权责机制。农业产业化联合体各经营主体间的有机融合和互助协作离不开对各自权利和责任的界定，权责分明才能使联合体发展更高效、运行更持久。首先，联合体成立时成员需共同制定建设方案，明确主导产业链、品牌运营内容和经营范围，确定固定办公场所等。其次，制定联合体章程，设立联合体理事会组织机构及制度体系，明确责任分工、建立决策机制。最后，制定规范成员生产、经营行为的标准化制度体系。如家庭农场层面有农场主行为准则、种植人员职责，生产经营、财务、档案、仓库管理制度，投入品采购制度，生产技术规程，可追溯管理制度等。

（3）建立监督约束机制。联合体内各经营主体在发展过程中难免会出现市场失灵中的"搭便车"、道德风险等问题，而解决以上问题的办法便是建立有效的监督约束机制。如联合体实行"统一品种、统一供应农资、统一技术标准、统一产品认证、统一技术服务、统一销售"，对家庭农场生产过程有全面了解，便于指导和监督，也有利于成本核算，确定产品标准和收购价格。在此基础上，建立内部约束机制，即对不按标准生产的不合格农产品，龙头企业有权拒绝按约定价收购，由家庭农场自行处理。不符合标准的生产行为包括使用劣质化肥、农药、省略田间管理步骤、不服从统一操作等。联合体内的家庭农场也享有经营自主权，可以自主决定将农产品卖给谁，自主选择化肥、农药，自主决定田间管理，但销售给联合体的产品必须符合质量标准。上述的监督约束机制不仅可以是经营主体双向选择，对参与的经营主体进行筛选，减少道德风险，还有助于形成融合发展的向心力。

（三）完善各项服务

1. 加大政策扶持力度

扶持政策的力度决定着联合体发展速度的快慢和发展效果的好坏，根据已有经验，扶持政策主要包括：财政支持方面，如政府给予龙头企业贷款贴息政策，用于购买农资和收购小麦。农业保险方面，良好的农业保险政策可以大大增加联合体抵抗自然灾害的能力，政府与政策性银行联合开展农业政策性保险试点和普及，在实践中探索保费在各主体间的分担比例。金融服务方面，通过联合体内龙头企业为家庭农场/专业大户担保的方式，满足它们的融资需求，同时家庭农场以反担保的形式满足龙头企业的融资需求。项目助推方面，通过各类农业发展支持项目对农业产业化联合体进行资金支持。如河北省要求每年优先安排一定数量的农业综合开发项目扶持农业产业化联合体发展。重点支持联合体内龙头企业发展农产品加工、冷链、物流和其他新业态，支持农民合作社提升农业服务能力、带动农户发展能力，实施农业标准化生产，支持家庭农场提升农业专业化、标准化、规模化、集约化生产水平。需要指出的是，农业产业化联合体发展之初确实需要政府的推动和引导，但在进一步发展中还是必须坚持市场主导的原则，如土地（流转）、各类农产品的交易价格、供需关系等仍需要市场来解决。政府重点是在支撑服务体系方面出台政策措施，不断强化服务保障，着力解决联合体内农业龙头企业等三大新型农业经营主体无法自行克服的突出困难和问题。

2. 搭建各要素平台

平台的搭建主要是使各要素充分沟通交流和流通。一是搭建人才平台，推动农业、科技等部门以及农业科研院所与联合体共建研发、实训基地，鼓励相关专家、技术人员与联合体开展院校合作；二是搭建信息平台，打造覆盖联合体所在区域的综合信息服务平台，为联合体内各类经营主体提供政策、技术、产品、金融保险等信息服务；三是搭建生产要素流通平台，如建立土地流转服务机构，设置办公设备，同时，完善土地流转各项规章制度，促进联合体的规模化经营；四是搭建法律平台，巩固和完善"合同帮农"机制，为联合体提供法律咨询、合同示范文本以及纠纷调处等服务；最后，搭建宣传平台，开展联合体相关政策和典型案例宣传，总结经验教训，努力营造联合体持续健康发展的良好氛围。

五、培育浦东新区水蜜桃产业联合体的任务与建议

（一）浦东新区水蜜桃产业培育的意义

1. 培育水蜜桃产业的社会意义

南汇水蜜桃是浦东地区土生土长的地产特色水果，至今已有近200年的种植历史。每到夏天，市民就会惦记着要尝一口"南汇水蜜桃"，可见南汇水蜜桃在上海人心目中的地位。南汇地区桃文化根基厚实，近三十年来一年一度的"上海桃花节"使浦东成为远近闻名的上海桃乡。南汇水蜜桃品种本地培育，得到上海市桃研究所及上海农业科学院的大力支持，科研实力强大。桃农基本上是本地人，一代代传承至今，拥有丰富的水蜜桃种植经验，对桃有着深厚的感情。因此大力培育浦东桃产业，不论对浦东的桃农，还是上海市民，都有重要的社会意义。将桃产业做强做大，是对区域桃文化的传承和发扬，是一笔巨大的精神财富。对于生活在城市中的

市民来说，体验农业，感受桃文化，品尝本地高品质鲜桃的需求日益强烈，这也是社会发展的规律所在。

2. 培育水蜜桃产业的经济意义

浦东南汇水蜜桃长久以来一直深受本地市民喜爱，不仅上海消费市场巨大，近年来也已经打通了全国市场乃至出口国外。桃产业联合体通过产业链的纵向延伸和横向拓展，不断深化分工与专业化程度，可以促进生产效率的提高，增加产值。培育桃产业联合体有利于进一步提升桃产业产前、产中、产后的生产经营水平，抱团发展，规模经营，增加南汇水蜜桃的品牌价值、知名度和美誉度。通过赏花、品桃等活动将桃文化融入旅游中，让文化服务经济，同时以优质桃吸引更多的消费者，扩大市场占有率，实现三产融合发展，提高经济效益。

3. 培育水蜜桃产业的生态意义

上海自2014年启动美丽乡村建设工作以来，各个涉农区县积极围绕建设美丽乡村，促进生态文明来开展工作。浦东新区大力培育桃产业联合体有利于进一步整合南汇地区的桃产业资源，形成大规模的美丽桃园基地。通过举办"上海桃花节"等生态旅游活动来吸引大量的本地及国内外游客前来体验，感受自然之美。在提高经济效益的同时，也增加了浦东新区的林木覆盖率，扩大绿化规模效应，具有不可多得的生态价值。

（二）培育浦东新区水蜜桃产业联合体的主要任务

1. 提升水蜜桃生产经营能力

一是优先支持联合体的老桃园改造和基础设施提升。按照现代绿色桃园标准，进一步提升基础设施建设，将老果园分批升级改造为标准化高品质果园。优先支持南汇水蜜桃产业联合体开展老桃园升级改造和配套基础设施提升。二是加快新品种及保鲜加工技术等的研发。一方面，充分发挥上海市桃研究所的技术优势，加强与上海市农业科学院等科研院所的合作，加快对新品种的研发，适当增加早熟、晚熟优质新品种，拉长水蜜桃上市期，破解桃园老化、三个品种采收及上市期重叠等瓶颈问题。另一方面，借鉴"Zespri"猕猴桃等发展经验，以消费者需求为导向，增加对高价优质果品的培育，根据消费者的喜好对现有品种进行改良，实现产品的多元化，增大消费者的可选择性，满足其多样化需求。同时，在水蜜桃生产储运保鲜加工等环节研发新技术新工艺。三是加快构建桃产业人才队伍。加大新型职业农民培训和农业科技人才培养的力度,在初创扶持、劳动用工、学历教育、人才引进等方面给予一定的政策倾斜,鼓励知识青年返乡从事水蜜桃生产经营。加大对水蜜桃种植专家和桃产业营销管理专家的培养力度。积极探索建立桃产业职业经理人、第三方科技人员技术入股,给予职称评定政策倾斜等制度,加快引进高端人才步伐。四是加快推进桃产业融合。加强桃产业融合的顶层设计,将南汇水蜜桃产业作为贯彻落实乡村振兴战略、产业兴旺的重要载体和支撑,制定相应战略规划与方案。选择基础较好的基地作为水蜜桃产业提升的载体,促进水蜜桃规模化标准化种植,提升水蜜桃商品化水平,并积极推进一二三产融合,延长产业链。推进以桃为原料的果汁、酒、冰激凌等深加工产业发展。挖掘品牌的历史文化内涵,积极创建和适度发展桃文化休闲产业,大力发展创意农业。

2. 加强水蜜桃品牌建设

促进水蜜桃品牌建设是培育水蜜桃产业联合体的关键。一是大力推进"南汇水蜜桃"区域公共品牌建设。借鉴阳山水蜜桃发展经验,加强创新意识,进一步凸显南汇水蜜桃的生产区域特性,大力推进塑造"南汇水蜜桃"这个区域公共品牌形象,凸显其独特品质及不可复制性。优化水蜜桃生产布局,鼓励分散的小规模桃农流转土地,加快规模经营步伐,变单打独斗为统一面对市场。二是进一步完善"六个统一"产销标准化体系。加快构建和完善包括南汇水蜜桃产品质量标准、生产技术操作规程、产品包装标识规范等的高标准生产技术标准体系。提升联合体内各经营主体的质量意识和品牌共享、共建机制,严格进行标准化生产与投入品源头管控,确保水蜜桃质量。由政府出资购买,引进全自动流水线,利用现有用地,建设分级分拣、预冷、包装车间,实现水蜜桃品牌建设能级的精准提升。自动流水线的具体管理运营由牵头的龙头企业负责。政府对自动分拣机的日常运行维护给予补贴。开展南汇水蜜桃等级、规格标准制定,形成以市场为导向的南汇水蜜桃等级标准手册。开展基于二维码技术的质量安全信息追溯系统推广与应用。三是加强关于品牌建设的人员培训和专业引导。积极引导家庭农场、合作社、龙头企业等新型农业经营主体参与南汇水蜜桃品牌建设、国际合作等方面的培训和交流,提高南汇水蜜桃的品质管控、品牌运作、市场开拓及"走出去"能力。四是加大运用农事节庆打响品牌的力度。农事节庆活动对区域农产品有积极的正面影响力，将其作为提高南汇水蜜桃品牌的知名度和影响力的重要举措，运用微博、微信及客户端等新媒介加大节庆宣传力度。五是加大对维护南汇水蜜桃品牌的支持力度。积极引导龙头企业、合作社、家庭农场（桃农）通过正规渠道销售本地南汇水蜜桃，承诺不引进外来桃品种假冒南汇水蜜桃，不以次充好。同时加大对假冒"南汇水蜜桃"销售行为的打击力度。实施"互联网+"和"大数据"管理，建立覆盖水蜜桃全生命周期的大数据系统，尤其是将登记产品及依法授权的标志使用人全部纳入官方数据库，打造南汇水蜜桃查询保真的权威平台，方便消费者实施鉴别、举报，消除品牌乱象。

3. 培育牵头龙头企业

积极培育示范带动作用明显的行业龙头企业，引导龙头企业带动产业转型升级发展至关重要。一是选择市场接受度较高的水蜜桃合作社，以其为基础，整合资源，组建牵头龙头企业，联合南汇水蜜桃主要生产经营主体、水蜜桃深加工企业、桃文化企业等，以上海市农业科学院及上海市桃研究所等技术支持单位，以南汇水蜜桃品牌联合社、南汇供销社及新零售企业等为社会服务单位，示范创建集南汇水蜜桃研发、种植、加工、营销、文旅等为一体的浦东新区"南汇水蜜桃"产业联合体，促进桃产业规模经营、集约发展。二是积极培育牵头龙头企业。支持发展混合所有制的牵头龙头企业，完善现代企业制度，增强农业龙头企业的自身实力和核心竞争力。鼓励龙头企业建设稳定的原料基地，注重加工、销售、文旅服务，提升核心竞争力，保障牵头龙头企业发展所需的建设用地，整合涉农资金项目向其倾斜，促使牵头龙头企业充分发挥带动能力和核心作用。

4. 加大水蜜桃产业联合体纽带黏性

一是加强产业联结。核心是提升规模集聚效应，提高市场竞争力，实现经济效益。龙头企业通过管理、技术、信息等手段，依托农民合作社，将散户组织起来，进行产业链分工细化，优化要素配置，使产业链中生产、加工、储藏、流通、文旅等环节紧密连接为一个完整的产业系统，从而降低内部交易成本以提升规模收益，进而提高市场竞争力。产前环节，龙头企业承担生产资料的供应，向桃农统一供种，从源头上保障质量安全。在产中环节，为生产制定产量及品质标准，并积极为桃农开展技术指导等服务，大力推进标准化生产，建立质量安全可追溯制度。在产后环节，制定品牌培育规划，通过定量包装、标志标识、商品条码等方式推动包装规范化、新颖化和产品标准化，提升产品整体形象，促进销售，提高产品附加值。发展网上交易、电子商务，组织成员网上直销，同时加快发展物流配送等形式，促进流通销售。在品牌效应的基础上，向市场展示联合体水蜜桃质量，表现为优质优价。

二是加强要素联结。核心是保障水蜜桃质量安全，提升品质，以契合消费者需要。桃产业联合体以南汇水蜜桃品牌为市场导向，以龙头企业为核心，负责水蜜桃品牌塑造，制定生产全程标准，严格进行投入品源头管控，开展技术、信息服务，提供技术培训等；以大户为基础，承担土地流转和精耕细作等任务，按照生产标准要求采用优良品种、使用化肥农药以及合格安全投入品；以合作社为纽带，提供耕种收管、病虫害防治等精细化的专业服务。

三是加强利益联结。联合体内各类主体之间签订生产（服务）合同（协议），通过契约约束，健全风险共担、利益共享机制，让农民分享产业链收益。种桃大户、合作社以土地承包经营权入股、技术等要素参股龙头企业，有一定决策权和监督权，龙头企业采取"保底收益+按股分红"等方式，使合作社与大户分享加工、销售环节的利润。龙头企业与大户签订订单收购合同。龙头企业与合作社签订目标责任书以及代管生产资金和购销合同。合作社与大户签订农资统一供应合同和社会化服务协议。通过合同约束各主体行为。明晰各方责任、义务，形成相互监督、相互制约的平衡关系。龙头企业从加工产品销售上盈利。大户从提高产量、优质优价、成本节约方面盈利。合作社从批量采购降低农资价格赚取差价，开展服务收费，龙头企业返利等方面盈利。

四是开展绩效评价。将各方利益与绩效挂钩，发挥联合体各主体的积极性和主动性。对大户开展绩效评价，建立三年一个周期的招标承包制，形成动态的淘汰机制，激发大户使用新品种新技术，不断提高产出率和质量。

五是建立风险基金。联合体内各经营主体从每年获取的共同经营利润中提取一定比例建立风险基金，当出现由于自然灾害导致的减产，龙头企业就从风险基金中提取部分资金补偿大户的种植损失。同时政府部门也配套建立相应的联合体风险防范基金，当出现市场风险引起市场价格下行压力增大、销售整体不畅时，龙头企业承受巨额经济损失时，政府应从建立的联合体风险防范基金中拿出一部分资金补贴龙头企业，帮助联合体渡过难关。

六是加强动态监督。相关部门应建立农户利益保障体系，加强对龙头企业的动态监管。同时，合作社也应对大户的机会主义行为进行有效监管和约束，防止大户的机会主义行为或违约行为的发生。

5. 建设政府服务水蜜桃产业联合体的平台

一是加强组织领导。借鉴新西兰猕猴桃产业发展经验，通过政府主导扶持南汇水蜜桃发展，把南汇水蜜桃产业联合体发展作为农业农村工作的重要内容，加强组织领导、健全考核机制。二是完善人才平台。整合上海市农业科学院、上海市桃研究所等科研院所力量，推动农业科研院所与联合体共建研发、实训基地，鼓励相关水蜜桃专家、技术人员与联合体开展"院企共建"。三是搭建融资平台。以建立融资合作长效机制为突破口，推动金融机构统一核定，打包授信，逐年增加对联合体内各经营主体的授信额度。合理确定贷款期限、利率和偿还方式，简化贷款手续。加快推动以联合体信息采集和信用评级为切入点的信用体系建设，依据信用评价结果，鼓励金融机构向联合体内成员发放无担保或无抵押贷款。推动龙头企业对接多元资本市场，支持符合条件的龙头企业通过发行债券、资产证券化等方式进行融资。四是搭建信息平台。打造覆盖联合体所在区域的综合信息服务平台，为联合体内各经营主体提供政策、技术、产品、金融保险等信息服务。五是搭建法律平台。为联合体提供法律咨询、合同示范文本以及纠纷调处等服务。六是搭建宣传平台。开展相关政策和典型案例宣传，总结经验教训，努力营造联合体持续健康发展的良好氛围。

（三）培育浦东新区水蜜桃联合体的几点建议

1. 把水蜜桃联合体作为浦东新区范围内发展农业产业化联合体的抓手

浦东农业资源在上海占第二位，因此浦东发展农业产业化联合体的意义不仅仅在本区，还在全市。浦东农业资源集中在南汇，而南汇农业中粮食与以水蜜桃为代表的果蔬园艺产业各占一半。但是以水蜜桃为代表的果蔬园艺产业相对集约化，市场化程度较高，更迫切也更适宜发展农业产业化联合体，而桃业产业化联合体在新区发展较早，也比较成熟，完全有条件把水蜜桃联合体作为全区范围内发展农业产业化联合体的抓手，通过紧密型、契约型以及松散性的3种不同程度的联合，把新区70%以上的水蜜桃通过组建产业化联合体纳入规模化、专业化和市场化的轨道中来。

2. 重点依靠 1~2 个产业化联合体做强水蜜桃产业，确立新区水蜜桃品质全国最优的地位

发展水蜜桃产业化联合体的目的是做大做强新区水蜜桃产业，我国水蜜桃产业集中在无锡、南汇和奉化一带，其中又以无锡规模最大，不仅是我国最大的水蜜桃种植基地，还是我国最大的水蜜桃交易中心。新区水蜜桃受土地资源限制，桃产业面积在逐年减少，相比 10 年前的 5 万亩减少了 44%。规模的缩小意味着产业的升级，从生产、加工、销售各方面走精品化路线。今后水蜜桃发展的目标不是扩大规模，而是做优提质。在本次调查中，上海市农业科学院专家认为上海南汇水蜜桃虽然在国内为佳品，但内在质量方面与江苏无锡相比还有许多差距。建议集中采取集中兵力打歼灭战的方法，培育 1~2 个有基础的水蜜桃产业化联合体，通过资源人力相对集中投入的方法，重点发展优质水蜜桃。这些水蜜桃产业化联合体内，不仅种植一流水蜜桃，而且培育一流水蜜桃品种。牢固地树立国内最好的水蜜桃在上海浦东的地位。

3. 建设具有浦东特色的开放型水蜜桃产业化联合体

产业化联合体的特点之一是在联合体内具有要素相互渗透的特点。如果联合体成员没有富集这些要素，如何实现要素的相互渗透，因此今后水蜜桃产业化联合体必须是开放型、多元性。可以吸收水蜜桃种植的家庭农场、一般农户、专业合作社，也可以吸收水蜜桃产业链上下游实体，如物流配送等，还可以吸收跨界实体，如与发展桃文化有关的文化实体，与发展桃科技的科技院所。尤其要重视科技院所的加盟。上海市农业科学院、上海市桃研究所，以及江苏科研院所可以进入联合体内公共组建的水蜜桃研究所。联合体的各成员单位通过共同出资，建立农业风险保障基金，用于各经营主体的风险补偿。农民合作社和家庭农场可以通过土地、农产品等方式进行出资，科研单位可以通过技术等方式出资，增强联合体防范风险的能力。鼓励经营主体采用双向入股的形式，使更多形式的资本入股，形成规模效益，龙头企业按股对各主体分红并实行二次利润返还，深化各主体之间的利益联结机制。

4. 以水蜜桃产业化联合体为承接或担保单位，突破农村金融瓶颈

资本难以进入农业和农村，是三农问题面临的难点，也是中央高度关注的重大问题。但是金融机构也有苦衷，面对零星分散、规模偏小，而且难以预测预期的农业，存在贷款成本过大和风险两大问题。建立了规模相对较大的农业产业化联合体这些问题相对容易解决。金融机构不需要直接贷款给零星分散的农户，而是把贷款直接贷款给农业产业化联合体再由联合体作为定金、预付款、借款等多种形式给以农户和经营实体，或者由产业化联合体担保，并协同贷款给联合体生产经营实体。一方面金融机构贷款成本降低，另一方面农业产业化联合体对这些农户和经营实体的信誉和经营状况比较熟悉，可以大幅度降低贷款风险。建议新区金融机构以水蜜桃产业化联合体为承接或担保单位，突破农村金融瓶颈。

附录1 国内农业产业化联合体案例

案例1 安徽省粮食产业化联合体

2012年,安徽省推出了16个农业产业化联合体。2018年,数量已近2 000个,联合体产值占安徽省农产品加工产值的30%。这些农业产业化联合体中,粮食产业化联合体就有700家,经营面积平均2万多亩,辐射带动288万农户,收入比一般农户高15%。安徽粮食产业化联合体主要有种子繁育引领模式、加工营销引领模式、生产供应服务引领模式。

种子繁育引领模式

种子繁育引领模式的龙头企业以种子研发为主,提供优质种苗给农户,由合作社指导农户种植。以隆平高科、荃银高科、庐江春隆产业联合体为典型代表。以安徽荃银粮食产业化联合体为例,该联合体由龙头企业、科研院所、制种基地、合作社、农户组成。

其中,龙头企业是安徽荃银高科种业股份公司,成立于2002年,是国家高新技术企业、农业产业化升级龙头企业、安徽省企业技术中心、安徽省创新性型企业,行业综合排名全国第二位。主要围绕种植业业务,着力农业服务和农业科技创新,被纳入农业部发起的水稻品种实验创新平台体系,并组织发起了国字号"水稻商业化分子育种技术创新联盟"。在安徽、江苏、江西、福建、贵州、广西等都建立了稳定种子生产基地,有16家控股子公司,战略布局覆盖东北、华东、华中、西南等国内主要粮食种植区域以及东南亚、南亚、非洲各国。科研院所主要由公司自主成立的研发团队及与国内科研团队联合成立的技术创新联盟组成。公司成立的荃银农业科学院,建立了分子育种实验室、博士后科研工作站,获准登记备案安徽省院士工作站,在合肥、海南等地建有稳定的科研育种基地、覆盖了主要生态区域的生态测试网络。公司联合国内6家科研单位和科学家团队创立了"国家水稻商业化分子育种技术创新联盟",并与联盟成员之一的中国科学院上海生命科学研究院植物生理生态研究所建立了全面战略合作关系。制种基地主要是公司委托代制,由公司根据销售计划制订当年制种计划,合理分配各区域制种基地,根据制种商的资质、信誉、财产状况、资源优势,结合基地的气候、土壤和种植习惯等进行筛选、提名、组织调查，最终确定制种商名单，并与这些制种商签订种子生产合同，约定委托制种面积、数量、结算价格、种子质量要求等。公司提供制种亲本材料，对整个制种过程进行监督、管理和指导。受托制种商负责落实制种面积、制种区隔离、技术指导等工作，确保种子达标。种植户负责按照技术标准生产种子，种子成熟后，由受托制种商统一收购并运送至指定仓库进行预入库，按照种子的发芽率、净度、水分、纯度4项指标进行抽样检测，检验合格的种子正式入库。合作社根据龙头企业指导，为种植户提供从种到收的规范社会化服务。

该联合体农户的亩均生产成本比普通农户降低了37%，通过产业化联合体，生产效率得到了较大提升，主营收入翻一番。

加工营销引领模式

该模式主要以粮食加工企业为主，联合合作社，带动农户发展，以巢湖槐祥工贸、灵璧县永盛粮食产业化联合体、庐江县双福粮油工贸等为代表。以安徽灵璧县的永盛粮食产业化联合体为例，该联合体主要由加工龙头企业、合作社、农户组成。

其中，灵璧县永盛制粉有限责任公司成立于1997年，是中国粮食行业协会会员单位、安徽省粮食产业化龙头企业、宿州市优秀农业产业化龙头企业，2010年，被中国粮食行业协会授予"全国放心粮油进农村进社区示范工程首批示范企业"。主营面粉加工、粮食仓储、购销。公司发起农户成立合作社，公司入股永盛种植专业合作社，由合作社统一采购物资，指导农户统一生产，对农户进行农技培训。联合体内的农户在农闲时期可到公司做工人，在一定程度上带动了当地年轻劳动力的就业。该联合体的面粉销售收益在两年内翻了近一番。

生产供应服务引领模式

该模式是指联合体以生产供应服务为主，由龙头企业联合生产服务的专业合作社，提供好的产品和技术支持、健全的售后服务，以宿州意利达、淮河粮食产业化联合体等为代表。

以淮河粮食产业化联合体为例，该联合体以淮河种业公司为龙头企业，负责联合体经营管理，主要推进标准化管理，收购与销售农产品。公司以批量采购的方式，为农户提供成本较低的农药、肥料等，农户可以赊销的方式获取，有力减轻农户前期生产成本压力。淮河农机合作社、淮河种植植保合作社向联合体的家庭农场提供农机、植保等服务。27家家庭农场和多家种植大户根据龙头企业的技术标准生产粮食。联合体建立了针对小麦生产的"墒情、苗情、病虫情、灾情"的监测系统，并建立了水肥一体化管理体系，建立了服务大楼，为农户进行技术指导，有力推进规模化生产。种植基地规模近2万亩，带动种植基地周边农户近7 000多户，小麦平均亩产较全区平均单产高60千克。

案例2　浙江省海通蔬菜产业化联合体统一服务带动标准化经营联结模式

通过龙头企业为农户等经营主体提供产业环节内、产业链条间的社会化服务，实现标准化种养、规模化经营、产业化分工，借助全产业链的组织优势、规模优势、成本优势、分工优势，构建多环节、多链条的联结机制。其中，龙头企业根据需求制定技术标准、操作规范和工艺流程，并通过技术培训、农机作业、农资供应等方式提供社会化服务，指导农户标准化生产，实现以服务带动农户、以服务联结生产、以服务联动产业。

浙江省农业产业化国家重点龙头企业——海通食品集团有限公司牵头建立海通蔬菜产业化联合体，由宁波海通时代农业有限公司、慈溪市观海卫绿辉蔬菜专业合作社、慈溪市长河沧北蔬菜种植场等12家新型农业经营主体加盟组成。2020年，该联合体实现销售收入12.25亿元，收购农产品35万吨，收购额达7.04亿元，被评为浙江省农业产业化联合体。

海通作为牵头龙头企业，坚持以果蔬加工为主业，将农业资源优势与食品加工优势有机结合，形成了年生产能力超过10万吨的大型农产品加工和食品加工企业，已建成自营农场6 500亩。公司注重技术研发，在农产品品牌打造方面有优势，有绿色食品认证7个，注册商标11个，有1个商标入选浙江农业品牌百强榜。海通以规模化基地为纽带，通过发展加盟农场、合作农场、订单农场、自营农场、股份农场等5种模式扩大辐射带动范围。其中，加盟农场就是海通与种植大户建立利益共同体，确定农产品收购价格，农民承担种植风险，公司承担市场风险。

海通公司成立了独立的研发中心，设置博士后科研工作站，成立了海通—江南大学食品制造新技术联合研究所，是全国首批农业农村部国家蔬菜加工技术专业研发中心，有效推动了新品种培育、新技术推广和新产品开发。海通已成功引进草莓、日本蚕豆、甜玉米、绿花菜、甘蓝菜等新品种达60余个，并通过多渠道技术服务帮助农民掌握新品种种植技术，提高种植水平。

海通公司通过创新销售模式，如通过推出"时代农场""鲜蔬直通车"等品牌理念，探索从"田间到餐桌"的农产品销售模式，建立自营高效物流体系，打造品牌化、零库存、短平快运转的新型农产品流通平台，与多家单位签订农产品长期供应协议，推广果蔬直通市民小区，在销售农产品方面形成了较强的带动能力。

该联合体通过由龙头企业为农户提供社会化服务，有效降低农产品的价格、产量及销售等的不确定性带来的市场风险，帮助农民在产业内部、产业融合中实现增收。海通公司组建了四海农机合作社，开展以耕地、开沟、播种、种植和采收为主要内容的农机服务，以病虫害承包防治为主要内容的植保服务，培训农民，转移农民自有种植管理的风险。此外，定期召开农产品发布会，及时公布第二年或下一季度市场动态和需求等信息，引导农民生产与市场接轨。以2020年新冠肺炎疫情防控期间为例，西蓝花价格曾一度跌至1.4～1.6元/千克，海通公司立刻启动最低保护价机制，以高于市场价30%的价格收购农户的西蓝花，保证农户略有盈利。此外，海通公司还实施"优质优价"收购，对质量好、价格高的农产品，如毛豆、菠菜等，在市场价的基础上根据成品率按一定的比例进行返利，将部分加工、销售环节的利润返还给农户。

案例3 江苏南京露晨蔬菜产业化联合体

南京露晨蔬菜产业化联合体成立于2018年，由南京露晨农业发展有限公司牵头，联合溧水2家农业企业、2个农民合作社示范社、6个家庭农场、10个种植大户成立，主要以种植和销售茄果类、瓜类、叶菜类等常规蔬菜为主，辐射南京溧水区范围内的350多公顷的蔬菜种植。

该联合体主要由龙头企业与各生产主体签订蔬菜收购订单，由合作社负责统一的农资、种苗、农机化服务、技术指导、成员培训等，由家庭农场和种植大户根据协议要求生产，最终由龙头企业统一贴标销售。通过统一农资采购、统一种苗供应、统一茬口安排、统一农机化服务、统一标准化生产、统一安全检测、统一运输销售、统一利益结算的"八统一"，实现农资、种苗、技术、农机、销售渠道及冷链仓储等基础设施的资源共享。为保障联合体的稳定运转，专门成立了监督小组，监督蔬菜生产过程中的农资使用、产品检测、运输销售等环节，确保蔬菜质量安全。对违反相关生产标准、违反订单协议的成员，一律实行清退。联合体已拓展到5个农民合作社示范社、5个农业企业、10个家庭农场、25个种植大户，每年订单达9 000多万元，累计蔬菜种植面积近400公顷，蔬菜收购量3万多吨，销售收入超过亿元。通过联合体带动，联合体内种植大户增收10万～15万元，家庭农场增收20万～30万元，农业企业增收50万～100万元，龙头企业增收500多万元。

案例4　河南省出台联合体认定和监测管理办法

《河南省农业产业化联合体认定和监测管理（暂行）办法》（以下简称《办法》）出台，明确了河南省农业产业化联合体的基本条件、认定标准和监测管理办法。

根据《办法》，农业产业化联合体是以农业产业化龙头企业为核心，农民合作社为纽带，家庭农场为基础，社会化服务组织为支撑，通过股份合作、订单生产等利益联结形式，形成的关联紧密、分工明确、链条完整、利益共享的农业经营组织联盟。联合体内成员原则上应由1家省以上农业产业化重点龙头企业牵头，农业企业、农民合作社、家庭农场等10家以上新型农业经营主体共同组成，成员之间有技术服务、基地建设、产品加工、商贸流通、品牌建设、利益联结机制和信贷担保等实质性合作内容。联合体内牵头的重点龙头企业应联合各成员共同制定联合体章程和围绕主导产业的建设方案。《办法》规定，联合体牵头的重点龙头企业上年度需盈利，其余各成员上年度总营业收入应超过对应类型省重点龙头企业认定标准的20%，联合体带动农户数量应超过对应类型省重点龙头企业带动农户数量标准的20%，各成员近两年内没有发生产品质量安全事件。《办法》明确，河南省农业产业化联合体认定和监测管理工作由河南省农业农村厅组织实施，实行动态管理，优胜劣汰，每两年组织实施一次。河南省农业产业化联合体内各成员优先享受各级政府出台的支持联合体、龙头企业、农民合作社、家庭农场的响应扶持优惠政策。

案例5　宁夏灵武市蔬菜产业联合体

宁夏灵武市蔬菜产业联合体成立于2018年，牵头的龙头企业为宁夏农利达农贸有限公司，由宁夏夏能生物有限公司、灵武市大绿叶家庭农场、灵武市甘甜脆无籽西瓜种植专业合作社、宁夏盛世丰现代农业开发有限公司、种植大户等21家新型农业经营主体参与。联合体组织构架为成员（代表）大会、理事会、监事会。联合体共流转经营355公顷，种植辣椒、马铃薯、蜜瓜、西蓝花等蔬菜。

该联合体的龙头企业与联合体的家庭农场、合作社等主体签订蔬菜订单，负责深加工与销售。农业社会化服务组织向家庭农场、合作社提供技术指导、统防统治、全程机械化等服务。家庭农场、合作社按照蔬菜生产技术规程进行标准化生产，生产出来的蔬菜提供给龙头企业。合作社内部探索土地入股的合作机制，实行7个统一，即统一经营计划、统一市场开拓、统一资金协调、统一生产资料、统一产品销售、统一技术指导、统一农机管理。

案例6　四川省三台县代代为本麦冬产业化联合体

四川省三台县代代为本麦冬产业化联合体成立于2018年，是聚焦川麦冬种植、加工、研发、销售于一体的农业产业化联合体。该联合体牵头龙头企业是四川代代为本农业科技有限公司，由包括企业、研究机构、合作社、家庭农场等55家经营主体组成。牵头的龙头企业成立于2010年，主要做药材种植和研发，先后荣获省级农业产业化经营重点龙头企业、省级扶贫龙头企业、省级企业技术中心、科技型中小企业等荣誉称号。

该联合体主要依托川麦冬全产业链数字化管理云平台，以社会化服务为支撑，实现中药农业的全程可追溯，提升川麦冬品质，打造药材品牌，探索川药特色产业化发展路径。联合体通过经营管理模式创新、要素整合调动、收益分配让渡、保险联动保障、金融产品赋能，解决了生产端的标准化生产、规模化整合、社会化服务和便捷化结算，有效降低了交易成本，提高了经营效率，延长了产业链条，提升了整体竞争力。

其中，经营管理模式主要是"七统一分"，即生产端统一品种、统一技术、统一生产资料、统一加工、统一包装、统一品牌、统一销售，种植端分户种植。实现包括生产基地水土检测、土地整理、种苗等级及来源、施肥、灌溉、除草、采收、产地初加工、药材质量检测、分级筛选、仓储、流通等全流程的可追溯，以及每个环节投入品成本核算的透明化。

联合体整合土地要素，实现规模化经营。由村集体流转土地，有效整合土地资源，形成规模聚集。由村集体牵头成立道地药材种植专业合作社，在整合的土地上建设川麦冬种植基地，按照龙头企业标准种植，承接龙头企业订单。联合体基于规模化订单采购，给成员带来了现场技术服务的福利，将农资企业吸纳为联合体成员，农资企业还能享受订单增产增收的二次分配，让供应链主体成为利益共同体。针对种植管理中存在的瓶颈问题，联合体的科研机构开展科技攻关，并迅速将成果应用到实际生产，提供专业化服务，分享专项技术服务费和订单销售分红收益。村集体和道地药材种植专业合作社在保证农户订单收益的基础上，年终给农户二次分红收益，通过收益的让渡使得联合体成员利益联结更紧密。

案例7　广西柳州螺蛳粉农业产业化联合体

广西柳州市螺蛳粉农业产业化联合体主要依托柳州市柳南区国家现代农业（螺蛳粉）产业园和柳州市柳南区螺蛳粉特色小镇，采用"龙头企业＋农业企业＋村集体经济合作社＋农民专业合作社（家庭农场）＋基地"的方式运营。该联合体以农业产业化重点龙头企业为主导，由龙头企业制定产品质量要求和技术标准，并负责通过电商和大型超市销售产品，农民专业合作社将技术标准传导到家庭农场和生产基地，家庭农场和基地则向农民专业合作社提供符合条件的农产品，农民专业合作社加工成初级加工品提供给龙头企业，村集体经济合作社作为纽带为龙头企业提供农民专业合作社管理服务，为农民专业合作社提供土地整合、做各经营主体与龙头企业间的沟通桥梁等服务，通过各主体的分工协作，形成利益紧密联结的农业产业化联合体。

该联合体通过农业产业化重点龙头企业与农产品加工研究机构合作，开发新产品、制定产品质量标准、研究检验检测方法、生产设备集成应用等，并申请专利、注册品牌、指导村集体经济合作社、农业企业、农民专业合作社（家庭农场）开展螺蛳粉标准化生产基地认定，确保产品质量、产业链的稳定性，提升价值链，推动螺蛳粉产业可持续发展。联合体实现了年预包装柳州螺蛳粉产量超过3亿袋，产值超过30亿元，村集体经济合作社通过服务得到了收益，农业企业和农民专业合作社（家庭农场）获得了二次分红。

附录 2　相关政策文件

中共中央办公厅 国务院办公厅
关于加快构建政策体系培育新型农业经营主体的意见

在坚持家庭承包经营基础上，培育从事农业生产和服务的新型农业经营主体是关系我国农业现代化的重大战略。加快培育新型农业经营主体，加快形成以农户家庭经营为基础、合作与联合为纽带、社会化服务为支撑的立体式复合型现代农业经营体系，对于推进农业供给侧结构性改革、引领农业适度规模经营发展、带动农民就业增收、增强农业农村发展新动能具有十分重要的意义。为加快构建政策体系，引导新型农业经营主体健康发展，现提出如下意见。

一、总体要求

（一）指导思想。全面贯彻党的十八大和十八届三中、四中、五中、六中全会精神，深入贯彻习近平总书记系列重要讲话精神和治国理政新理念新思想新战略，认真落实党中央、国务院决策部署，紧紧围绕统筹推进"五位一体"总体布局和协调推进"四个全面"战略布局，牢固树立和贯彻落实新发展理念，围绕帮助农民、提高农民、富裕农民，加快培育新型农业经营主体，综合运用多种政策工具，与农业产业政策结合、与脱贫攻坚政策结合，形成比较完备的政策扶持体系，引导新型农业经营主体提升规模经营水平、完善利益分享机制，更好发挥带动农民进入市场、增加收入、建设现代农业的引领作用。

（二）基本原则。

——坚持基本制度。坚持农村土地集体所有，坚持家庭经营基础性地位。既支持新型农业经营主体发展，又不忽视普通农户尤其是贫困农户，发挥新型农业经营主体对普通农户的辐射带动作用，推进家庭经营、集体经营、合作经营、企业经营共同发展。

——坚持市场导向。发挥市场在资源配置中的决定性作用和更好发挥政府作用。运用市场的办法推进生产要素向新型农业经营主体优化配置，发挥政策引导作用，优化存量、倾斜增量，撬动更多社会资本投向农业，既扶优扶强又不"垒大户",既积极支持又不搞"大呼隆",为新型农业经营主体发展创造公平的市场环境。

——坚持因地制宜。充分发挥农民首创精神,鼓励各地积极探索,不断创新经营组织形式,不断创设扶持政策措施,重点支持新型农业经营主体发展绿色农业、生态农业、循环农业,率先实施标准化生产、品牌化营销、一二三产业融合,走产出高效、产品安全、资源节约、环境友好的发展道路。

——坚持落地见效。明确政策实施主体,健全政策执行评估机制,发挥政府督查和社会舆论监督作用,形成齐抓共促合力,确保政策措施落到实处。

(三)主要目标。到2020年,基本形成与世界贸易组织规则相衔接、与国家财力增长相适应的投入稳定增长机制和政策落实与绩效评估机制,构建框架完整、措施精准、机制有效的政策支持体系,不断提升新型农业经营主体适应市场能力和带动农民增收致富能力,进一步提高农业质量效益,促进现代农业发展。

二、发挥政策对新型农业经营主体发展的引导作用

(四)引导新型农业经营主体多元融合发展。支持发展规模适度的农户家庭农场和种养大户。鼓励农民以土地、林权、资金、劳动、技术、产品为纽带,开展多种形式的合作与联合,积极发展生产、供销、信用"三位一体"综合合作,依法组建农民合作社联合社。支持农业产业化龙头企业和农民合作社开展农产品加工流通和社会化服务,带动农户发展规模经营。培育多元化农业服务主体,探索建立农技指导、信用评价、保险推广、产品营销于一体的公益性、综合性农业公共服务组织。大力发展农机作业、统防统治、集中育秧、加工储存等生产性服务组织。发挥供销、农垦等系统的优势,强化为农民服务。促进各类新型农业经营主体融合发展,培育和发展农业产业化联合体,鼓励建立产业协会和产业联盟。

(五)引导新型农业经营主体多路径提升规模经营水平。鼓励农民按照依法自愿有偿原则,通过流转土地经营权,提升土地适度规模经营水平。支持新型农业经营主体带动普通农户连片种植、规模饲养,并提供专业服务和生产托管等全程化服务,提升农业服务规模水平。引导新型农业经营主体集群集聚发展，参与粮食生产功能区、重要农产品生产保护区、特色农产品优势区以及现代农业产业园、农业科技园、农业产业化示范基地等建设，促进农业专业化布局、规模化生产。支持新型农业经营主体建设形成一批一村一品、一县一业等特色优势产业和乡村旅游基地，提高产业整体规模效益。

（六）引导新型农业经营主体多模式完善利益分享机制。引导和支持新型农业经营主体发展新产业新业态，扩大就业容量，吸纳农户脱贫致富。总结土地经营权入股农业产业化经营试点经验，推广"保底收益＋按股分红"等模式。进一步完善订单带动、利润返还、股份合作等新型农业经营主体与农户的利益联结机制，让农民成为现代农业发展的参与者、受益者，防止被挤出、受损害。支持龙头企业与农户共同设立风险保障金。探索建立政府扶持资金既帮助新型农业经营主体提升竞争力，又增强其带动农户发展能力，让更多农户分享政策红利的有效机制。鼓励地方将新型农业经营主体带动农户数量和成效作为相关财政支农资金和项目审批、验收的重要参考依据。允许将财政资金特别是扶贫资金量化到农村集体经济组织和农户后，以自愿入股方式投入新型农业经营主体，让农户共享发展收益。

（七）引导新型农业经营主体多形式提高发展质量。鼓励农户家庭农场使用规范的生产记录和财务收支记录，提升标准化生产和经营管理水平。引导农民合作社依照章程加强民主管理、民主监督，发挥成员积极性，共同办好合作社。鼓励龙头企业通过兼并重组，建立现代企业制度，加大科技创新，优化产品结构，强化品牌建设，提升农产品质量安全水平和市场竞争力。鼓励各类社会化服务组织按照生产作业标准或服务标准，提高服务质量水平。深入推进示范家庭农场、农民合作社示范社、农业产业化示范基地、农业示范服务组织、一村一品示范村镇创建，发挥示范带动作用。

三、建立健全支持新型农业经营主体发展政策体系

（八）完善财政税收政策。加大新型农业经营主体发展支持力度，针对不同主体，综合采用直接补贴、政府购买服务、定向委托、以奖代补等方式，增强补贴政策的针对性实效性。农机具购置补贴等政策要向新型农业经营主体倾斜。支持新型农业经营主体发展加工流通、直供直销、休闲农业等，实现农村一二三产业融合发展。扩大政府购买农业公益性服务机制创新试点，支持符合条件的经营性服务组织开展公益性服务，建立健全规范程序和监督管理机制。鼓励有条件的地方通过政府购买服务，支持社会化服务组织开展农林牧渔和水利等生产性服务。支持新型农业经营主体打造服务平台，为周边农户提供公共服务。鼓励龙头企业加大研发投入，支持符合条件的龙头企业创建农业高新技术企业。支持地方扩大农产品加工企业进项税额核定扣除试点行业范围，完善农产品初加工所得税优惠目录。落实农民合作社税收优惠政策。

（九）加强基础设施建设。各级财政支持的各类小型项目，优先安排农村集体经济组织、农民合作组织等作为建设管护主体，强化农民参与和全程监督。鼓励推广政府和社会资本合作模式，支持新型农业经营主体和工商资本投资土地整治和高标准农田建设。鼓励新型农业经营主体合建或与农村集体经济组织共建仓储烘干、晾晒场、保鲜库、农机库棚等农业设施。支持龙头企业建立与加工能力相配套的原料基地。统筹规划建设农村物流设施，重点支持一村一品示范村镇和农民合作社示范社建设电商平台基础设施，逐步带动形成以县、乡、村、社为支撑的农村物流网络体系。新型农业经营主体所用生产设施、附属设施和配套设施用地，符合国家有关规定的，按农用地管理。各县（市、区、旗）根据实际情况，在年度建设用地指标中优先安排新型农业经营主体建设配套辅助设施，并按规定减免相关税费。对新型农业经营主体发展较快、用地集约且需求大的地区，适度增加年度新增建设用地指标。通过城乡建设用地增减挂钩节余的用地指标，优先支持新型农业经营主体开展生产经营。允许新型农业经营主体依法依规盘活现有农村集体建设用地发展新产业。新型农业经营主体发展农产品初加工用电执行农业生产电价。推进农业水价综合改革，建立农业用水精准补贴机制和节水奖励机制，在完善水价形成机制的基础上，对符合条件的新型农业经营主体给予奖补。

（十）改善金融信贷服务。综合运用税收、奖补等政策，鼓励金融机构创新产品和服务，加大对新型农业经营主体、农村产业融合发展的信贷支持。建立健全全国农业信贷担保体系，确保对从事粮食生产和农业适度规模经营的新型农业经营主体的农业信贷担保余额不得低于总担保规模的70%。支持龙头企业为其带动的农户、家庭农场和农民合作社提供贷款担保。有条件的地方可建立市场化林权收储机构，为林业生产贷款提供林权收储担保的机构给予风险补偿。稳步推进农村承包土地经营权和农民住房财产权抵押贷款试点,探索开展粮食生产规模经营主体营销贷款和大型农机具融资租赁试点,积极推动厂房、生产大棚、渔船、大型农机具、农田水利设施产权抵押贷款和生产订单、农业保单融资。鼓励发展新型农村合作金融,稳步扩大农民合作社内部信用合作试点。建立新型农业经营主体生产经营直报系统,点对点对接信贷、保险和补贴等服务,探索建立新型农业经营主体信用评价体系,对符合条件的灵活确定贷款期限,简化审批流程,对正常生产经营、信用等级高的可以实行贷款优先等措施。积极引导互联网金融、产业资本依法依规开展农村金融服务。

(十一)扩大保险支持范围。鼓励地方建立政府相关部门与农业保险机构数据共享机制。在粮食主产省开展适度规模经营农户大灾保险试点,调整部分财政救灾资金予以支持,提高保险覆盖面和理赔标准。落实农业保险保额覆盖直接物化成本,创新"基本险+附加险"产品,实现主要粮食作物保障水平涵盖地租成本和劳动力成本。推广农房、农机具、设施农业、渔业、制种保险等业务。积极开展天气指数保险、农产品价格和收入保险、"保险+期货"、农田水利设施保险、贷款保证保险等试点。研究出台对地方特色优势农产品保险的中央财政以奖代补政策。逐步建立专业化农业保险机构队伍,提高保险机构为农服务水平,简化业务流程,搞好理赔服务。支持保险机构对龙头企业到海外投资农业提供投融资保险服务。扩大保险资金支农融资试点。稳步开展农民互助合作保险试点,鼓励有条件的地方积极探索符合实际的互助合作保险模式。完善农业再保险体系和大灾风险分散机制,为农业保险提供持续稳定的再保险保障。

(十二)鼓励拓展营销市场。支持新型农业经营主体参与产销对接活动和在城市社区设立直销店(点)。落实鲜活农产品运输绿色通道、免征蔬菜流通环节增值税和支持批发市场建设等政策。鼓励有条件的地方对新型农业经营主体申请并获得专利、"三品一标"认证、品牌创建等给予适当奖励。加快实施"互联网+"现代农业行动,支持新型农业经营主体带动农户应用农业物联网和电子商务。采取降低入场费用和促销费用等措施,支持新型农业经营主体入驻电子商务平台。实施信息进村入户入社工程,建立农业信息监测分析预警体系,为新型农业经营主体提供市场信息服务。组织开展农民手机应用技能培训,提高新型农业经营主体和农民发展生产的能力。

（十三）支持人才培养引进。依托新型职业农民培育工程，整合各渠道培训资金资源，实施现代青年农场主培养计划、农村实用人才带头人培训计划以及新型农业经营主体带头人轮训计划，力争到"十三五"时期末轮训一遍，培养更多爱农业、懂技术、善经营的新型职业农民。办好农业职业教育，鼓励新型农业经营主体带头人通过"半农半读"、线上线下等多种形式就地就近接受职业教育，积极参加职业技能培训和技能鉴定。鼓励有条件的地方通过奖补等方式，引进各类职业经理人，提高农业经营管理水平。将新型农业经营主体列入高校毕业生"三支一扶"计划、大学生村官计划服务岗位的拓展范围。鼓励农民工、大中专毕业生、退伍军人、科技人员等返乡下乡创办领办新型农业经营主体。深入推行科技特派员制度，鼓励科研人员到农民合作社、龙头企业任职兼职，完善知识产权入股、参与分红等激励机制。建立产业专家帮扶和农技人员对口联系制度，发挥好县乡农民合作社辅导员的指导作用。

四、健全政策落实机制

（十四）加强组织领导。地方各级党委和政府要高度重视培育和发展新型农业经营主体，抓紧制定符合当地实际的具体措施和实施意见，加强对扶持政策落实的督促指导。各有关部门要加强协作配合，形成工作合力，结合各自职责抓好贯彻落实。要加强农村经营管理体系建设，鼓励各地采取安排专兼职人员、招收大学生村官等多种途径，充实基层经营管理工作力量，保障必要工作条件，确保支持新型农业经营主体发展的各项工作抓细抓实。

（十五）搞好服务指导。加强调查研究，及时掌握新型农业经营主体发展的新情况新问题，宣传政策，搞好服务，促进其健康发展。完善家庭农场认定办法，落实农民合作社年度报告公示制度，开展重点龙头企业运行监测。鼓励有条件的地方建立新型农业经营主体名录并向社会公布，探索建立新型农业经营主体会计代理和财务审计制度，引导新型农业经营主体规范运行。

（十六）狠抓考核督查。将落实培育新型农业经营主体政策情况纳入工作绩效考核，并建立科学的政策绩效评估监督机制。畅通社会监督渠道，适时开展督查，对政策落实到位的地方和部门予以表扬，对工作不力的予以督促整改。进一步建立和完善新型农业经营主体统计调查、监测分析和定期发布制度。

（十七）强化法制保障。加快推进农村金融立法工作，确保农村改革与立法衔接。切实维护新型农业经营主体的合法权益，引导其诚信守法生产经营，为新型农业经营主体健康发展提供法制保障。

农业部 国家发展改革委 财政部 国土资源部 人民银行 税务总局关于促进农业产业化联合体发展的指导意见

农经发〔2017〕9号

当前，我国农业农村发展进入新阶段。各地顺应新型农业经营主体蓬勃发展的新形势新要求，探索发展农业产业化联合体，取得了初步成效。为贯彻落实《中共中央办公厅 国务院办公厅关于加快构建政策体系培育新型农业经营主体的意见》，促进农业产业化联合体发展，现提出以下意见。

一、充分认识发展农业产业化联合体的重要意义

农业产业化联合体是龙头企业、农民合作社和家庭农场等新型农业经营主体以分工协作为前提，以规模经营为依托，以利益联结为纽带的一体化农业经营组织联盟。新形势下，发展农业产业化联合体具有重要的现实意义。

（一）有利于构建现代农业经营体系。通过"公司＋农民合作社＋家庭农场"组织模式，让各类新型农业经营主体发挥各自优势、分工协作，促进家庭经营、合作经营、企业经营协同发展，加快推进农业供给侧结构性改革。

（二）有利于推进农村一二三产业融合发展。通过构建上下游相互衔接配套的全产业链，实现单一产品购销合作到多元要素融合共享的转变，推动订单农业和"公司＋农户"等经营模式创新，促进农业提质增效。

（三）有利于提高农业综合生产能力。通过推动产业链上下游长期合作，降低违约风险和交易成本，稳定经营预期，促进多元经营主体以市场为导向，加大要素投入，开展专业化、品牌化经营，提高土地产出率、资源利用率和劳动生产率。

（四）有利于促进农民持续增收。通过提升农业产业价值链，完善利益联结机制，引导龙头企业、农民合作社和家庭农场紧密合作，示范带动普通农户共同发展，将其引入现代农业发展轨道，同步分享农业现代化成果。

二、准确把握农业产业化联合体的基本特征

（一）独立经营，联合发展。农业产业化联合体不是独立法人，一般

由一家牵头龙头企业和多个新型农业经营主体组成。各成员保持产权关系不变、开展独立经营，在平等、自愿、互惠互利的基础上，通过签订合同、协议或制定章程，形成紧密型农业经营组织联盟，实行一体化发展。

（二）龙头带动，合理分工。以龙头企业为引领、农民合作社为纽带、家庭农场为基础，各成员具有明确的功能定位，实现优势互补、共同发展。

（三）要素融通，稳定合作。立足主导产业、追求共同经营目标，各成员通过资金、技术、品牌、信息等要素融合渗透，形成比较稳定的长期合作关系，降低交易成本，提高资源配置效率。

（四）产业增值，农民受益。各成员之间以及与普通农户之间建立稳定的利益联结机制，促进土地流转型、服务带动型等多种形式规模经营协调发展，提高产品质量和附加值，实现全产业链增值增效，让农民有更多获得感。

三、培育和发展农业产业化联合体的总体要求

落实中央决策部署，围绕推进农业供给侧结构性改革，以帮助农民、提高农民、富裕农民为目标，以发展现代农业为方向，以创新农业经营体制机制为动力，积极培育发展一批带农作用突出、综合竞争力强、稳定可持续发展的农业产业化联合体，成为引领我国农村一二三产业融合和现代农业建设的重要力量，为农业农村发展注入新动能。在促进农业产业化联合体发展过程中，要把握以下基本原则。

（一）坚持市场主导。充分发挥市场配置资源的决定性作用，尊重农户和新型农业经营主体的市场主体地位。政府重点做好扶持引导，成熟一个发展一个，防止片面追求数量和规模。

（二）坚持农民自愿。农业产业化经营有多种组织带动模式，农业产业化联合体在不同区域、不同产业有多种表现形式，具有各自的适应性和发展空间。是否发展农业产业化联合体、选择哪种合作模式，都要尊重农民的意愿，不搞拉郎配、一刀切。

（三）坚持民主合作。引导农业产业化联合体建立内部平等对话、沟通协商机制，兼顾农户、家庭农场、农民合作社、龙头企业等各方利益诉求，共商合作、共议发展、共创事业。

（四）坚持兴农富农。把带动产业发展和农民增收作为基本宗旨，打

造产业链、提升价值链，挖掘农业增值潜力，发挥农业产业化联合体对普通农户的辐射带动作用，保障农民获得合理的产业增值收益。

四、建立分工协作机制，引导多元新型农业经营主体组建农业产业化联合体

（一）增强龙头企业带动能力，发挥其在农业产业化联合体中的引领作用。支持龙头企业应用新理念，建立现代企业制度，发展精深加工，建设物流体系，健全农产品营销网络，主动适应和引领产业链转型升级。鼓励龙头企业强化供应链管理，制定农产品生产、服务和加工标准，示范引导农民合作社和家庭农场从事标准化生产。鼓励县级以上农业产业化主管部门开展重点龙头企业认定和运行监测。引导龙头企业发挥产业组织优势，以"公司+农民合作社+家庭农场""公司+家庭农场"等形式，联手农民合作社、家庭农场组建农业产业化联合体，实行产加销一体化经营。

（二）提升农民合作社服务能力，发挥其在农业产业化联合体中的纽带作用。鼓励普通农户、家庭农场组建农民合作社，积极发展生产、供销、信用"三位一体"综合合作。引导农民合作社依照法律和章程加强民主管理、民主监督，保障成员物质利益和民主权利，发挥成员积极性，共同办好合作社。支持农民合作社围绕产前、产中、产后环节从事生产经营和服务，引导农户发展专业化生产，促进龙头企业发展加工流通，使合作社成为农业产业化联合体的"黏合剂"和"润滑剂"。

（三）强化家庭农场生产能力，发挥其在农业产业化联合体中的基础作用。按照依法自愿有偿原则，鼓励农户流转承包土地经营权，培育发展适度规模经营的家庭农场。鼓励家庭农场使用规范的生产记录和财务收支记录，提高经营管理水平。健全家庭农场管理服务，完善家庭农场名录制度，建立健全示范家庭农场认定办法。鼓励家庭农场办理工商注册登记。引导家庭农场与农民合作社、龙头企业开展产品对接、要素联结和服务衔接，实现节本增效。

（四）完善内部组织制度，引导各成员高效沟通协作。坚持民主决策、合作共赢，农业产业化联合体成员之间地位平等。引导各成员在充分协商基础上，制定共同章程，明确权利、责任和义务，提高运行管理效率。鼓励农业产业化联合体探索治理机制，制发成员统一标识，增强成员归属感和责任感。鼓励农业产业化联合体依托现有条件建立相对固定的办公场所，以多种形式沟通协商涉及经营的重大事项，共同制定生产计划，保障各成员的话语权和知情权。

五、健全资源要素共享机制，推动农业产业化联合体融通发展

（一）发展土地适度规模经营。引导土地经营权有序流转，鼓励具备条件的地区制定扶持政策，引导农户长期流转承包地并促进其转移就业。鼓励农户以土地经营权入股家庭农场、农民合作社和龙头企业发展农业产业化经营。支持家庭农场、农民合作社和龙头企业为农户提供代耕代种、统防统治、代收代烘等农业生产托管服务。

（二）引导资金有效流动。支持龙头企业发挥自身优势，为家庭农场和农民合作社发展农业生产经营，提供贷款担保、资金垫付等服务。以农民合作社为依托，稳妥开展内部信用合作和资金互助，缓解农民生产资金短缺难题。鼓励农业产业化联合体各成员每年在收益分配前，按一定比例计提风险保障金，完善自我管理、内部使用、以丰补歉的机制，提高抗风险能力。

（三）促进科技转化应用。鼓励龙头企业加大科技投入，建立研发机构，推进原始创新、集成创新、引进消化吸收再创新，示范应用全链条创新设计，提升农业产业化联合体综合竞争力。引导各类创新要素向龙头企业集聚，支持符合条件的龙头企业建立农业领域相关重点实验室，申报农业高新技术企业。鼓励龙头企业提供技术指导、技术培训等服务，向农民合作社和家庭农场推广新品种、新技术、新工艺，提高农业产业化联合体协同创新水平。

（四）加强市场信息互通。鼓励龙头企业找准市场需求、捕捉市场信号，依托联合体内部沟通合作机制，将市场信息传导至生产环节，优化种养结构，实现农业供给侧与需求端的有效匹配。积极发展电子商务、直供直销等，开拓农业产业化联合体农产品销售渠道。鼓励龙头企业强化信息化管理，把农业产业化联合体成员纳入企业信息资源管理体系，实现资金流、信息流和物资流的高度统一。

（五）推动品牌共创共享。鼓励农业产业化联合体统一技术标准，严格控制生产加工过程。鼓励龙头企业依托农业产业化联合体建设产品质量安全追溯系统，纳入国家农产品质量安全追溯管理信息平台。引导农业产业化联合体增强品牌意识，鼓励龙头企业协助农民合作社和家庭农场开展"三品一标"认证。扶持发展一村一品、一乡一业，培育特色农产品品牌。办好中国农业产业化交易会，鼓励龙头企业参加各类展示展销活动。鼓励农业产业化联合体整合品牌资源，探索设立共同营销基金，统一开展营销推广，打造联合品牌，授权成员共同使用。

六、完善利益共享机制，促进农业产业化联合体与农户共同发展

（一）提升产业链价值。引导农业产业化联合体围绕主导产业，进行种养结合、粮经结合、种养加一体化布局，积极发展绿色农业、循环农业和有机农业。推动科技、人文等要素融入农业，鼓励农业产业化联合体发展体验农业、康养农业、创意农业等新业态。鼓励龙头企业在研发设计、生产加工、流通消费等环节，积极利用移动互联网、云计算、大数据、物联网等新一代信息技术，提高全产业链智能化和网络化水平。

（二）促进互助服务。鼓励龙头企业将农资供应、技术培训、生产服务、贷款担保与订单相结合，全方位提升农民合作社和家庭农场适度规模经营水平。引导农业产业化联合体内部形成服务、购销等方面的最惠待遇，并提供必要的方便，让各成员分享联合体机制带来的好处。

（三）推动股份合作。鼓励农业产业化联合体探索成员相互入股、组建新主体等新型联结方式，实现深度融合发展。引导农民以土地经营权、林权、设施设备等入股家庭农场、农民合作社或龙头企业，采取"保底收入＋股份分红"的分配方式，让农民以股东身份获得收益。

（四）实现共赢合作。遵循市场经济规律，妥善处理好农业产业化联合体各成员之间、与普通农户之间的利益分配关系。创新利益联结模式，促进长期稳定合作，形成利益共享、风险共担的责任共同体、经济共同体和命运共同体。加强订单合同履约监督，建立诚信促进机制，对失信者及时向社会曝光。强化龙头企业联农带农激励机制，探索将国家相关扶持政策与龙头企业带动能力适当挂钩。

七、完善支持政策

（一）优化政策配套。落实中央各项支持政策，培育壮大新型农业经营主体。地方可结合本地实际，将现有支持龙头企业、农民合作社、家庭农场发展的农村一二三产业融合、农业综合开发等相关项目资金，向农业产业化联合体内符合条件的新型农业经营主体适当倾斜。支持龙头企业等新型农业经营主体参与产业扶贫,落实相关税收优惠政策。组织开展精准培训,提高龙头企业负责人、合作社理事长、家庭农场主的经营管理水平。

(二)加大金融支持。鼓励地方采取财政贴息、融资担保、扩大抵(质)押物范围等综合措施,努力解决新型农业经营主体融资难题。鼓励银行、保险等金融机构开发符合农业产业化联合体需求的信贷产品、保险产品和服务模式。积极发展产业链金融,支持农业产业化联合体设立内部担保基金,放大银行贷款倍数。与金融机构共享农业产业化联合体名录信息,鼓励金融机构探索以龙头企业为依托,综合考虑农业产业化联合体财务状况、信用风险、资金实力等因素,合理确定联合体内各经营主体授信额度,实行随用随借、循环使用方式,满足新型农业经营主体差异化资金需求。鼓励龙头企业加入人民银行征信中心应收账款融资服务平台,支持新型农业经营主体开展应收账款融资业务。鼓励探索"订单+保险+期货"模式,支持符合条件的龙头企业上市、新三板挂牌和融资、发债融资。鼓励具备条件的龙头企业发起组织农业互助保险,降低农业产业化联合体成员风险。

(三)落实用地保障。落实促进现代农业、新型农业经营主体、农产品加工业、休闲农业和乡村旅游等用地支持政策。指导开展村土地利用规划编制,年度建设用地计划优先支持龙头企业、农民合作社和家庭农场等新型农业经营主体建设农业配套辅助设施、开展农产品加工和流通。对新型农业经营主体发展较快、用地集约且需求大的地区,适当增加年度新增建设用地指标。对于引领农业产业化联合体发展的龙头企业所需建设用地,应优先安排、优先审批。

八、强化保障措施

(一)加强组织领导。各地要按照本意见精神,结合本地实际研究制定具体措施和办法,并做好相关指导、扶持和服务工作。完善农业产业化联席会议制度,推动落实扶持农业产业化发展的相关政策措施,帮助解决农业产业化联合体发展中遇到的困难和问题。

(二)开展示范创建。各级农业产业化主管部门要牵头开展农业产业化联合体示范创建活动,建立和发布示范农业产业化联合体名录,定期开展运行监测，适时更新，促进整体经营管理水平提升。可结合实际情况，对示范农业产业化联合体给予重点支持。

（三）加大宣传引导。做好农业产业化联合体统计调查工作，建立农业产业化联合体信息库，编制发布中国农业产业化龙头企业采购经理指数，为制定政策提供参考。组织第三方开展农业产业化联合体发展水平评价。及时总结好经验、好做法，充分运用各类新闻媒体加强宣传，营造良好社会氛围。

农业部　国家发展改革委　财政部　国土资源部　人民银行　税务总局

2017 年 10 月 13 日

第五章 浦东新区农业产业化联合体发展研究

在坚持市场主导、农民自愿、民主合作和兴农富农原则的前提下，如何通过推动农业产业化联合体高质量发展以实现产业振兴，是浦东新区乡村振兴的关键。在培育浦东新区产业化联合体研究的基础上，本章主要以浦东新区第一批农业产业化联合体为对象，重点围绕农业产业化联合体的基本情况、成效经验、存在问题，以及下一步的发展思路和对策建议等方面展开。著者主要采用实地访谈、专家座谈等方法，广泛听取了利益相关方的意见和诉求，先后赴清美蔬菜产业联合体、航头镇良元稻米产业联合体、大河雪菜产业联合体、红刚青扁豆产业联合体等农业产业化联合体调研，与企业代表、合作社负责人、农户等进行了充分的交流和讨论，听取了浦东新区农委等相关部门专家的意见，形成了研究报告。

一、浦东新区农业产业化联合体发展现状

2019年，浦东有5家国家级龙头企业、12家市级龙头企业，17家国家级示范合作社，有基础、有潜力，建立产业联合体是大势所趋。结合浦东新区首批农业产业化联合体的典型案例调查，结果发现，浦东新区农业产业化联合体各经营主体在运作模式上也形成了一些新的特点，并产生了较好的经济、社会、生态效益。

（一）发展目标与进展情况

浦东新区树立以市场为导向，围绕上海市场需求特点发展高科技、绿色、新鲜、安全的浦东特色农业产业，发展全产业链型、区域整合型、特色单品型农业产业化联合体。通过培育新型农业经营主体，创新农业经营模式，优化利益联结机制，整合市场资源，拓展销售渠道，完善服务体系，促进产业兴旺、实现农民增收，为乡村振兴奠定扎实的产业基础。

2019年,全区组建了5家农业产业化联合体。2020年,浦东新区进一步完善、推广以"品牌+主体+基地"为基础架构的农业产业化联合体新经验新模式,优化利益联结机制,推进产销对接,提升服务功能,有序推进本区新型农业经营体系建设,在已有5家的基础上,再组建9家农业产业化联合体,总数达到14家以上,共带动120家合作社、150个家庭农场,对接生产基地达到6万亩。

(二) 发展模式呈现多样化

与传统的"公司+合作社+农户"产业化形式相比,联合体中各经营主体的职能定位发生了一定变化。龙头企业是联合体成员守则和生产标准的制定者,也是技术和服务的提供者,对联合体起决定性作用,直接关系到联合体的组织、效益及是否能够稳定运营,龙头企业的规模和盈利能力决定了联合体的整体竞争力,其重要性高于在"公司+合作社+农户"模式中的定位。浦东现有联合体形式较为多元化,但总体而言,形成了包括合作社、家庭农场等不同主体的农业生产联合体,以及纳入龙头企业在内的以全产业链为特征的产业型联合体。在产销模式上,积极推进订单农业等发展模式,大大降低了供需波动造成的生产风险。航头镇良元粮食产业化联合体建立首个以地域品牌为载体,融合龙头合作社、家庭农场、合作社等主体在内的稻米产业化联合体。浦东新区还探索了以多样化产销对接渠道推动联合体发展经营模式,加强与大型商超、餐饮企业、电商平台、新零售平台等多种销售终端建立合作关系。如大河雪菜产业化联合体,通过与多家餐饮配送公司合作,进入食堂、高铁、机场等大型客户终端。清美蔬菜产业化联合体不仅自建"清美鲜食"零售终端,还开拓"清美鲜到"网上购物平台,线上线下融合发展。一颗心合作社联合社积极与清美鲜食对接,设立专柜,产品到达152家门店销售。良元合作社与食行生鲜对接,共享App端客户,订购产品送至全市1 800个高端社区生鲜冷柜。

(三) 利益共享机制建立,经济效益提升

农业产业化联合体的发展需要建立明确的利益共享机制,使得不同利益主体都能从中获益并降低风险,其中的关键在于建立公平的购销合同,实现利益共享,风险共担。签订合同的主要利益主体包括龙头企业、合作社、家庭农场与专业农户等。在发展过程中,大型农业产业化联合体可以

通过大数据进一步明确稳定的运行模式，并对供需关系进行准确预测，有助于农户准确把握市场行情，降低生产成本。首批组建的农业产业化联合体在经济规模与经济效益上，至少覆盖超过 6 667 公顷的生产基地，并实现平均每公顷增加产值超过 15%。在利益分配方式上，实现了二次分红，激励了各方参与的积极性。例如，红刚青扁豆产业化联合体采用"党支部＋合作社＋社员＋农户"的模式，并对农户实行保护价收购措施，实行"天天分红"的销售利润二次分配机制，带动社员和农户增收，目前已覆盖泥城镇、大团镇、书院镇等青扁豆种植区域。又如，清美公司的蔬菜基地通过计件的方式给予结算收入，保证日均 160 元以上的收入，单月 22 个工作日收入达到 3 520 元以上。土地流转出来的农户有种植技术的可以直接到蔬菜基地工作，按夫妻 2 人负责 10 亩土地的蔬菜种植生产量，年均可获得 15 万的纯收入。

（四）龙头企业带动，社会效益凸显

龙头企业带动下的农业产业化联合体，充分发挥带动引领作用，更大程度地创造社会价值。其价值主要集中在促进生产与促进就业两个方面。2019 年，浦东新区首批组建的农业产业化联合体，已带动 62 家合作社、100 个家庭农场，对接生产基地约 2 667 公顷。相关产业联合体预期可至少吸纳 150 家农民专业合作社与 200 个家庭农场实体，并最终辐射超过 5 万农户。同时，相关产业的发展不仅通过土地流转促进规模化生产，还吸纳本地农民参与相关产业运作流程，使得农民能够获取稳定的工资收益。例如，清美公司优先吸纳本地农民参与到企业生产、种植以及门店运营的环节，通过技术培训上岗后，将土地流转出来的农民从一产就业转变为二产或三产就业，使农民通过稳定的工资收入保障农民增收。其中，清美公司在宣桥镇有 30 余万平方米工业生产基地和 700 亩的设施农田，以及遍布上海各个区县的直营门店、清美社区便利店，需要配套的工人岗位和营业员岗位，以及配套的管理、技术人员岗位。清美蔬菜基地建设生鲜农产品包装车间，以张家桥基地、黑川基地为核心辐射周边 5 千米范围内的订单合作农户，将订单的农产品就近包装后配送全市各个门店，周边本地农闲农户和土地流转出来的农户可以就近在基地从事蔬菜包装、分拣的工作。

（五）绿色品牌引领，生态效益不断扩大

对于传统有优势的水果品种，依托现有区域公共品牌联社，打造出的特色单品型产业化联合体，在不断探索对应农产品的浦东标准，扩大农产品区域公用品牌的授权使用范围，在联合体内扩大使用。通过积极推进绿色食品认证，大力实施循环利用生产方式，耕地规模化经营比例逐年递增，"二品"认证个数和面积逐年增加。例如，红刚青扁豆产业联合体已基本形成统一种植生产、统一培训指导、统一农资配送、统一收购包装、统一品牌销售的生产经营体系，在泥城镇、大团镇、书院镇等青扁豆种植区域大力推广绿色生产，目前已申请绿色认证面积150公顷。又如，依托清美蔬菜产业联合体，以绿色农业、品牌农业为重点，紧紧围绕六奉公路，以"一轴一路一村一品"的目标，发展现代高效生态农业走廊，有较好的生态效益。

二、浦东新区农业产业化联合体面临的主要瓶颈

（一）税收政策阻碍联合体竞争力提升

组建农业产业化联合体，目的是鼓励联合体领头企业利用自己的销售渠道，帮助农户对接市场，促进产业发展，促进农民增收。但是，依据《中华人民共和国企业所得税法》第二十七条规定，企业从事农、林、牧、渔业项目的所得，可以免征、减征企业所得税。合作社自产自销的农业生产部分，根据农业部门出具的估产证明，可以减免所得税。然而，联合体领头企业收购农户的农产品进行销售的，不享受税收优惠政策。一方面，这势必会增加牵头龙头企业的税收负担，影响其帮助农民销售、带动农民富裕的积极性。另一方面，也增加了农产品销售成本，一定程度上削弱了联合体的市场竞争优势。

（二）土地资源供给与联合体发展需求不匹配

一是农用地与联合体集约化规模化经营的需求不匹配。农业产业化联合体在发展过程中需要集中流转土地，实现规模经营。然而，目前农用地主要集中在各镇农投公司，农投公司在流转时，还没有充分考虑产业布

局,向联合体聚焦。例如,清美集团随着新业务的不断拓展,本地种植的蔬菜需求量不断增加,但企业自主管理经营种植面积仅有约116公顷,远远无法满足规模化种植需求。二是设施农用地与联合体推进产业融合的需求不匹配。农业产业化联合体为实现产业融合,带动周边合作社、农户的共同发展并做大做强,相关配套设施用地必不可少。然而,受多重因素影响,浦东新区设施农用地资源紧缺,联合体目前普遍存在农业设施用地不足,导致产业融合功能无法发挥的困境。如清美公司旗下自建基地、外延基地、订单农业基地等需要建设冷藏库、预冷库等全程冷链系统,以保障蔬菜品质,延伸蔬菜产业链,提升价值链,但这些急需的农业设施受设施农用地指标的制约无法落地。

(三) 专业技术人才资源难以支撑联合体的发展

专业技术人才稀缺,有针对性的专业培训也与实际需求有较大距离。农业产业化联合体涉及要素众多,人才需求呈现多层次、多领域的特点,农业经营管理人才、新型职业农民、农业科技人才、农村电商人才都是迫切需要的人才。然而,在大部分农业经营主体没有组建科技研发团队和其他专业团队条件的情况下,目前联合体从业人员主要由跨行业人员、普通农民、返乡创业人员构成,现代农业技术以及经营管理方法也难以匹配农业经营主体实际需求,不足以支撑农业产业化联合体的发展。例如,大河雪菜产业联合体目前生产技术人员只有一位本地的老农民和一名刚毕业的大学生,老农民尽管有30年的生产经验,但年纪已近60岁且缺乏系统的农业专业技术。大学生虽然是科班出身,但经验不足。联合体在遭遇植保等农业生产难题时,很少能得到及时有效指导,也缺少有效的培训。

(四) 金融保险支持保障力度不足

在政策引导以及利益驱动下,各经营主体有扩大生产规模的倾向,但这也暴露出了部分问题。一方面,规模化经营会加大管理成本和难度。为提高农业生产力和市场竞争力,需要农业龙头企业加强各类硬件设施的投入,以及专业人才学习相关生产技术的智力投入等,特别是仓储、晾晒、机械、品牌包装等资金投入需求缺口的压力骤增。龙头企业的贷款大多依靠其所拥有固定资产及农业生产资料的抵押,但这无法满足其扩张生产及强化市场竞争力所需的资金缺口。农民专业合作社和家庭农场在有效抵押物方面，受到的制约较多，而通过商业化的融资手段，融资成本较高。另一方面，经营主体面临的风险也相应加大，规模扩大后，其面临的自然灾害风险和市场风险也会加大。粮食生产的政策性保险保额低，若遇到灾年可能出现非常严重的损失。现有农业政策性保险赔付标准基本是按照普通农户的生产成本确定的，没有体现规模经营主体的高成本，因此难以满足规模经营主体化解自然灾害风险的需要。

三、国内外农业产业化联合体模式与经验

（一）国外农业产业化联合体模式

1. 美国垂直一体化组织

美国农业产业体系相对较为完善，产业集聚度较高，大型农场占比很高。近年来，为应对农业产业发展过程中的风险、价格波动与产销等问题，不同的农场依据各自规模成立了以企业为主导的，集合全产业链的农业生产、加工、销售的纵向垂直组织形式。这一模式以类托拉斯的形式，以企业的角度掌控产业链上下游全流程。一方面提升了企业的利润，降低了中间流通成本与经营风险；另一方面还提升了农产品的品质，实现了不同生产与流通环节的多赢。

农业公司是以农场为主形成的农业公司，其核心资产为农业性质而非商业性质，并逐步吸纳其他产业链条的外部资本，并逐渐形成以农为主，进行产业链拓展的公司商业实体。合同型农业产业化联合体，是在农场等农业生产单元与外部资本无法就合并产生一致意见，但又存在联合的客观需求时形成的一种经济联合体形式，在形式上具有一定的灵活性，其维持主要依靠契约合同签订，在明确双方乃至多方权责利等方面后，对不同参与方的生产、加工、包装销售等环节进行整合，形成具有一定独立性与灵活度的有机整体。总体而言，契约型经营机制的不同参与方都有一定的灵活性，其联合形式总体而言并不完整，各自独立承担经营风险，在一定程度上降低了因单一环节问题导致联合体整体风险放大的可能性。联营模式的农工商联合企业，是在生产经营上进行联合，但各经营主体保持独立的资本投入，是一种再联合的生产形式，其一体化程度介于以上两者之间，与中国的合作社形式较为相似。

2. 日本农民协同组织

农会组织是日本农业发展中重要的组织发展形式,这些组织代表了产业化经营,并对农资用具、种子、种植方式、产销等各方面都进行了严格限定,在一定程度上保护了农民的权益,特别是在日本较高的产业化水平和较少的农业用地资源条件下,维持了农民群体的较高收入水平。在这一过程中,日本政府提供了强力支持。此外,农会组织具有多样化的组织形式,其中最重要的就是农协。农协在农村流通领域具有重要作用。特别值得一提的是,大部分农协不仅包含农业部门,还承担了金融、供销等机构,能够为农民和农业产业化提供一站式的全流程服务。在经营模式上,委托式经营是日本特有的一种产业联合形式,日本的水平横向一体化经营则主要依托农协展开,委托方通过农协向农民下订单,从而实现一体化的经营模式。

3. 德国农业合作社

德国农业合作社包含不同层级和类型,既有全国性的农业合作社总社,也有区域性的农业合作社联社和镇村的基层农业合作社。不同层级的合作社承担不同功能,全国性农业合作社总社主要承担宏观调控和监督的功能,区域性农业合作社联社承担统筹衔接功能,基层农业合作社承担执行和落实的功能,各层级之间互相配合。不同类型的合作社包括为农业生产服务的机械合作社、种子化肥合作社、水利电力合作社,以及为农副产品加工服务的加工、销售、运输等专业化程度高的合作社。德国政府重视对农业合作社的财政补贴,为农业合作社提供信用贷款,降低农业合作社的税收负担,如合作社不缴纳营业税和机动车辆税,免除从事农机租赁和农业咨询服务的法人税,合作社用税后利润进行投资的部分免征所得税等,并对运转良好的农业合作社给予奖励。与此同时,德国在较完善的社会信用体系基础上,通过规范的公共信用系统和私营信用服务体系加强农业合作社的社员之间、社员与合作社之间、合作社与合作社之间的利益联结和信用保障。此外,围绕农业合作社,德国政府建立健全包括农业联合会、合作社联盟、农业协会和农业购销合作社等的市场化服务体系。其中,农业联合会主要为农业合作社提供农业技术服务,有专门的农业科技顾问团队和完整的农业职业教育体系;合作社联盟主要是帮助农场主提升市场竞争力;农业协会是联结农场主、农业合作社和政府的纽带;农业购销合作社主要是为农场主提供农资服务和销售服务的桥梁。农场主自由决定是否加入各类农业合作社。农业合作社社员的收入分配呈现多元化，不仅有现金收入，还有债券收入、持股收入等。

4. 法国农业产业化组织

法国现代农业的联合体形式包含多种不同的类型，既有农业公司，也有合同制的农业企业、专业的农业合作社和控股公司。其中，农业公司的发展路径与美国的垂直一体化公司发展路径相似，其内部产业体系较为完整，而控股公司与农业公司不同的一点是，农业外部企业与农业企业均对联合体进行投资，均在联合公司体系下具有一定的话语权，具体话语权按出资比例确定。各类型专业合作社主要是由农场主自发联合的方式形成，各自作为独立主体进行经营，提供包括农业产品加工、销售、信贷、农资产品统一采购等服务，降低了农民生产边际成本，有助于形成区域品牌，并且调整供需，在一定程度上降低了系统风险。

（二）国外农业产业化联合体经验

1. 有力的财政扶持

产业化联合体的建立通常需要资金的投入，这对于农业经营主体而言通常较为困难，因此，纵观国外联合体的发展历史，有力的财政扶持是实现资源成功整合的必要路径。其中，政府的扶持有助于整合相关产业资源，带动区域经济发展，实现双赢。在发达国家的相关经验中，政府提供一定资金并通过立法、政策扶持等举措鼓励相关企业通过市场化方式进行柔性整合，是其中成功的关键，而强行的推广或以行政力量进行直接干预则容易导致市场资源的错配，不一定能产生较好的效果。例如，在美国，农业合作社属于独立的社会组织，同时兼具一定的商业属性，并不承担行政及相关职责，政府在其中扮演的角色是提供服务与培训机会，而非直接进行管理与指导，这样可以实现更加精准的施策过程，并提供积极的市场环境与包容的社会环境。但在这一过程中，不同国家的策略也存在一些差别，比如日本，农业合作组织的资金主要来源于政府财政支持与金融机构的投资与贷款等，总体来源多元化，在投资收益上主要通过分红的形式进行兑现。

2. 有效的信贷保险扶持

信贷能够为产业化联合体提供有效资金，同时提高运转效率。通过信贷支持，可以在一定程度上确保资源的有效利用。在农业金融方面，信贷利率通常相对较低，低于常规的商业性贷款利率，这与相关产业的资金回笼相对较好、风险较小有关。在日本，农业合作组织也具有一定的金融贷款功能；在法国，农业合作保险组织及农村互助保险为产业联合体的系统风险兜底，其中部分保费由政府承担，在不大幅度降低利润的前提下，实现风险消除，有利于相关产业的发展，保护农民利益。

（三）国内农业产业化联合体经验

1. 强化政策引领

政府注重对农业产业化联合体的政策支持。例如，安徽省连续7年将农业产业化联合体写入安徽省委一号文件，列入省政府重点工作进行部署，并配套了相关政策。2015年，安徽省政府办公厅出台《关于培育现代农业产业化联合体的指导意见》，在全省全面启动农业产业化联合体培育工作。2017年，安徽省政府印发《安徽省推进农业产业化加快发展实施方案（2017—2021年）》，提出大力推进联合体建设。2018年，安徽省委、省政府公布《安徽省乡村振兴战略规划（2018—2022年）》，强调推进联合体培育发展。又如，河南省通过出台《河南省农业产业化联合体认定和监测管理（暂行）办法》（以下简称《办法》），明确河南省农业产业化联合体的基本条件、认定标准和监测管理办法，有效引导联合体高质量发展。

2. 注重典型示范

为充分发挥典型示范带动作用，促进农业产业化联合体健康发展，多地制定了省级示范农业产业化联合体评选与管理办法，以评选出示范联合体。例如，吉林省制定了《吉林省省级示范农业产业化联合体评选及管理暂行办法》（吉农产发〔2019〕31号）。又如，安徽省制定了省级示范联合体评选管理办法，明确评选标准和评选程序。截至2018年底，安徽省共示范创建了564个带动能力较强、发展效果突出的省级示范联合体，成为全省各地学习和借鉴的模板，有效提升了联合体规范化水平。

3. 持续加大财政扶持力度

全国各省市加大了对农业产业化联合体的财政资金支持力度。例如，海南省农业厅投入1 000万元（2018年投入500万，2019年再投入500万）支持农业产业化联合体发展，设立专门支持农业产业化联合体发展的"政府风险补偿基金"，支持联合体成员贷款融资。安徽省设立28亿农业产业化发展基金,充分发挥引导作用,通过股权投资、债权投资、增值服务、市场培育等方式,形成多渠道、多形式、多层级的农业投融资模式,撬动更多金融及社会资本投入农业产业化和现代农业发展,促进产业提质增效和企业成长,助推安徽省实现从农业大省向农业强省转变。河北省102个联合体在2017年共获得财政支持资金5.8亿元。银川市连续5年制定出台扶持农业产业化联合体发展政策,整合扶持资金1 800余万元。

4. 注重用地支持

不少地区注重对农业产业化联合体发展的用地支持,在符合规划和用途管制的前提下,支持联合体的合理用地需求。例如,河北省每年单列1万亩用地指标用于农产品加工、仓储物流、产地批发市场等辅助设施建设用地。福建省在编制年度建设用地计划时,优先支持农业产业化联合体建设农业配套辅助设施、开展农产品加工和流通;对新型农业经营主体发展较快、用地集约且需求大的地区,倾斜安排年度新增建设用地指标;对引领农业产业化联合体发展的龙头企业所需建设用地,予以优先安排。

5. 创新优化金融保险政策

各省市政府积极探索优化金融保险政策,扶持农业产业化联合体发展。例如,宁夏贺兰有机水稻产业化联合体探索设立融资担保风险基金和股权投资基金,按照"政府基金+联合体基金+银行配比性放贷"的运作模式,政府和联合体共同出资800万元设立产业发展基金,与银行合作放大10倍,可贷款8 000万元,向联合体及成员发放无担保或者无抵押贷款。对联合体统一核定授信额度,实行分户使用、随用随借、按期归还。同时,简化贷款手续,贷款流程缩短到7~10天,贷款利息降低50%,降低了联合体成员融资门槛和偿贷风险,为联合体做优做强提供了坚实保障。又如,海南省农业厅、省财政厅、银行和保险公司合作的"农保贷",以及省农业厅、省财政厅与省农担公司合作的"助农担保贷"参与试点工作,为符合条件的农业产业化联合体成员提供担保,解决担保难问题。中国农业银行海南省分行及各分支机构支持农业产业化联合体成员通过增信、担保等方式申请生产经营贷款,贷款利率原则上执行中国人民银行同期同档次基准利率,并允许根据市场情况适当上下浮动,比例一般不超过5%。推进担保方式创新,探索"政府风险补偿基金+贷款对象"的政府增信扶持新模式,在"政府风险补偿基金"担保模式下,农行海南省分行原则上按照存放在农行资金额度的10倍对联合体成员发放贷款,并与

"政府风险补偿基金"合作机构协商确定单户贷款额度或比例。

四、浦东新区进一步推进农业产业化联合体发展的对策建议

当前浦东新区农业产业化有了较大发展，但现有农业产业化联合体还处于起步阶段，仍存在较大的提升空间，政策的支持力度在一定程度上影响着联合体发展速度和发展效果。政府应充分尊重其市场导向，推进不同利益主体协作，避免行政干预与任务式推进。明确以组建农业产业化联合体为抓手，形成"品牌引领—主体联合—产销对接—利益分享"的新型农业经营模式。应建立示范农业产业化联合体名录，充分发挥农业产业化联合体典型案例的示范效应，重点从产业化联合体遇到的税收、用地、金融服务等政策瓶颈着手，制定有利于开展生产经营的配套政策，对产业化联合体给予有效支持，进一步推动农业产业化联合体发展。

（一）加强组织领导，多部门协调推进

农业产业化联合体是一个复杂的系统，涵盖包括农业生产、加工、农资、产销、市场、农民权益保护等多个不同领域，其合作性质又决定了在管理上很难针对单一主体进行管控，在一定程度上需要针对多个不同的经营主体进行分别精准扶持与监督，因此仅依靠农业部门很难实现农业产业化的推进工程。现有经验认为，应以农业部门为核心，联合其他相关部门，成立独立的扶持农业产业化联合体的新部门，从而实现一站式的管理与扶持。安徽宿州培育发展联合体之所以获得成效，其中一个重要原因就在于宿州专门成立了直属于市委的"宿州市现代农业办"统筹协调推进相关工作。因此，应借鉴其经验，将推进浦东新区农业产业化联合体的工作上升到区政府的高度，成立高规格的工作领导小组（各相关职能部门为小组成员单位，办公室设在浦东农业农村委），做好顶层设计，编制产业化联合体建设规划，完善相关联席会议制度，充分发挥各职能部门的重要作用，切实加强政策扶持和协调配合，及时了解并解决联合体在发展中遇到的困难和问题，尽快形成"上下联动、合力推动"的良性工作局面。将培育和发展农业产业化联合体列入年度考核范围。建立农业产业化联合体信息库，建立科学的绩效评估监督机制，组织第三方开展农业产业化联合体评价，及时总结经验，做好监管工作。

（二）借鉴国际经验，做好税收政策支持

相关主管部门应与税收部门积极对接，做好农业产业涉税分析和指导，并借鉴国际经验，进一步优化农业产业税收环境，争取农业产业联合体税收减免，对联合体领头企业与农户签订合同，向农户提供种子、种苗、农资等，农户种植的农产品交付领头企业，领头企业用于销售的，认定该行为属于农业生产者销售自产农产品，免征增值税，对所得税给予优惠政策。此外，结合联合体实际需要，出台专门的房产税、耕地占用税等优惠，以提高税收优惠政策的针对性和实效性，支持农业产业化联合体合法经营、健康发展。

（三）提升配套服务，优先匹配用地需求

在符合国土空间规划和用途管理的前提下，积极支持农业产业化联合体的合理用地需求，强化用地保障。政府为农业产业化联合体提供的服务包括两个方面，首先是农地流转的配套服务，特别需要重视基层组织，如镇村在土地流转方面的重要作用，特别是充分发挥镇属农投公司在向联合体倾斜流转农地、推进规模经营的作用；其次，落实最新农业部生产设施用地和附属设施用地政策，优先保障农业产业化联合体及成员单位所需的场地、保鲜库、分拣中心等设施用地。此外，应加快推动完善郊野单元规划，为农业产业化联合体建设农产品收储、加工、配送等配套设施提供用地保障，将盘活的建设用地指标向对发展较快、用地集约且需求较大的农业产业化联合体倾斜。以涉农资金整合为导向，整合资金和资源，聚焦农业产业化联合体建设、聚焦重点区域（乡村振兴示范村、美丽乡村示范村、农业大镇集中连片区域）、聚焦重点产业项目（南汇水蜜桃、蔬菜、西瓜甜瓜、粮食等浦东优势农业，并加快向绿色农业提升），分年度、分阶段重点扶持农业产业联合体及成员单位农业基础设施。探索联合体和农村集体经济共同开发，盘活农村闲置空间资源的形式和机制。

（四）多措并举，有力保障专业人才资源

相关主管部门应联合人力资源等相关部门制定针对性的人才政策，加大人才培育资金投入，保障优化基层技术推广人员的工作待遇，联合上海市农业科学院、上海交通大学农学院、上海市浦东新区农民中等专业学校

等农业类学校、科研院所及基层农技推广机构，重点培育本地农民及大学生返乡创业就业群体，建立文化水平高、技术能力强、经营理念新、留得住、用得上的人才队伍。同时，进一步加强对联合体及成员单位相关人员开展精准的常态化专项培训，提高联合体的经营管理水平，提升经营主体参与市场竞争的能力。鼓励农业产业化联合体的龙头企业培育科技研发队伍，推进农业科技成果在联合体内的转化与应用，培育科创能力强的农业产业化联合体典型，加强其示范效应。突破现有社会保障等方面的瓶颈，加大对农业高端人才的吸引力度，吸引高端人才共同推进农业产业化联合体的高质量发展。鼓励农业产业化联合体之间的合作，形成区域农业产业化联合体联盟。

（五）扩充渠道，优化补贴政策和金融服务

一是优化涉农补贴政策。促进地产农产品产销对接，优先支持农业产业化联合体及成员单位申报营销补贴、品牌建设补贴、会展评优评奖补贴，提高资金使用效益，壮大和发展农业产业化联合体。二是统筹发挥商业性金融和政策性金融的协同作用，提升专项金融服务，特别需要解决发展过程中的信贷问题，以及银行的风险管理问题。农业产业化联合体的建设需要大量资金，需要创新合作金融方式。鼓励银行等金融机构开发针对联合体的专项金融产品服务，探索联合体内统一核定授信额度，打包授信，提高资金借贷与使用的便捷性，对浦东新区特色农产品、缺乏抵押物的农业产业化联合体给予优先保证，推动农村土地经营权抵押贷款的实施。借鉴相关经验，探索设立融资担保风险基金和股权投资基金，按照"政府基金＋联合体基金＋银行配比性放贷"的运作模式，通过向联合体及成员发放无担保或者无抵押贷款，降低联合体成员融资门槛和偿贷风险，为联合体高质量发展提供坚实保障。争取扩大政策性农业保险范围，鼓励安信农保开展气象指数保险、农产品订单价格指数保险等试点，提高农业产业化联合体抵御风险的能力。建立联合体贷款融资绿色通道，推行前后台平行作业。对于农业产业化联合体融资需求，优先配置信贷规模。

附录　相关政策文件

农业部办公厅关于开展农业产业化联合体支持政策创新试点工作的通知

农办经〔2018〕3号

各省（区、市）及新疆生产建设兵团农业产业化主管部门、农业综合开发办公室（局）、中国农业银行分行：

为贯彻落实2018年中央一号文件和农业部、财政部等六部门联合下发的《关于促进农业产业化联合体发展的指导意见》（农经发〔2017〕9号），培育发展农业产业化联合体，构建现代农业产业体系、生产体系、经营体系，引导小农户和现代农业发展有机衔接，推动实施乡村振兴战略，农业部、国家农业综合开发办公室、中国农业银行决定开展农业产业化联合体支持政策创新试点工作。现就有关事项通知如下。

一、试点任务和范围

各级农业产业化主管部门、农业综合开发机构、农业银行要大力扶持农业产业化联合体发展，把农业产业化联合体内符合政策要求的农业产业化龙头企业、农民合作社、家庭农场等新型农业经营主体列为重点支持对象。农业产业化主管部门要完善农业产业化联席会议制度，牵头开展农业产业化联合体示范创建，建立和发布农业产业化联合体名录，提炼总结典型，广泛宣传推介，引导现有农业产业化支持政策向符合条件的农业产业化联合体倾斜。农业综合开发机构要支持农业产业化联合体成员申报产业化发展项目，给予贷款贴息、财政补助、股权投资等支持。农业银行要为农业产业化联合体成员积极提供贷款融资等金融服务。2018年，选择河北、内蒙古、安徽、河南、海南、宁夏、新疆等省（区）作为试点省份，2019—2022年，将根据情况积极扩大试点省份范围。

二、支持方向和措施

试点省份每年安排一定数量的农业综合开发项目扶持当地农业产业化联合体发展，支持农业产业化联合体成员发挥优势、互补共赢。对龙头企业重点支持其发展农产品加工、冷链、物流和其他新业态；对农民合作社重点支持其提升农业服务能力、带动农户发展能力，实施农业标准化生产；对家庭农场重点支持其提升农业专业化、标准化、规模化、集约化生产水平。对于农业产业化联合体成员开展高效农业种养基地建设、农业新技术和新品种引进与推广、农产品加工、农业废弃物资源化利用等方面的项目要加大支持力度，补齐农业产业链条短板，建立利益联结机制，促进全产业链和价值链建设。农业综合开发产业化发展项目对农业产业化联合体成员获得符合相关政策要求的贷款，优先安排贴息。

农业银行各分支机构支持农业产业化联合体成员通过增信、担保等方式申请生产经营贷款，贷款利率原则上执行中国人民银行同期同档次基准利率，并允许根据市场情况适当上下浮动，比例一般不超过5%。加强银政合作，推进抵押担保方式创新，有效解决抵押担保难问题，对于农业产业化联合体融资需求，农业银行优先调查、优先审贷、优先安排信贷规模。对于纳入农业综合开发产业化发展项目贴息支持范围的，农业银行优先放贷。

各级农业产业化主管部门要把发展农业产业化联合体作为当前和今后一个时期的重要工作抓手，摆到突出位置，安排或争取资金，会同当地有关部门、农业产业化联合体成员等共同出资建立农业产业化增信机制。对于与农业银行合作建立增信机制的，原则上按照存放在农业银行资金额度的10倍对农业产业化联合体成员进行放贷。对为农业产业化联合体成员提供贷款担保的龙头企业，农业产业化主管部门可采取以奖代补方式给予支持。地方可结合本地实际，将现有支持龙头企业、农民合作社、家庭农场发展的农村一二三产业融合等项目资金向符合条件的农业产业化联合体成员适当倾斜。

农业综合开发出资的财政股权投资基金、农业银行出资的各类产业投资基金要坚持政府引导与市场运作结合，在农业产业化联合体成员中积极筛选符合条件的项目进行投资，进一步引导各类社会资本、金融资本加大投入，为农业产业化联合体发展提供资金支持，并帮助农业产业化联合体成员建立产权清晰、股权合理、治理健全的机制。

三、建立合作机制

农业部农业产业化办公室、国家农业综合开发办公室、中国农业银行加强规划编制、政策制定、情况通报、理论研讨、工作调研等合作，共同协商安排支持农业产业化联合体事宜，明确支持方向和申报要求等。省级农业产业化主管部门向省级农业综合开发机构、农业银行分行报送运行效果较好的农业产业化联合体及其成员名单，推荐相关主体申报农业综合开发产业化发展项目和银行贷款项目等，共同商定相关主体支持方向和具体工作。

四、试点工作要求

每年3月底前，试点省份省级农业产业化主管部门会同省级农业综合开发机构、农业银行分行向农业部农业产业化办公室、国家农业综合开发办公室、农业银行总行报送试点方案，当年9月底前报送中期进展情况，次年1月底前报送上一年试点总结，包括农业产业化联合体发展情况、政策支持情况和典型案例，并强化对支持农业产业化联合体成效的总结宣传。省级农业产业化主管部门、农业综合开发机构、农业银行分行要加强项目监督管理，确保支持农业产业化联合体取得实效。

农业部办公厅　国家农业综合开发办公室　中国农业银行办公室
2018年3月1日

农业农村部 中国邮政储蓄银行关于加强农业产业化领域金融合作助推实施乡村振兴战略的意见

农经发〔2018〕3号

为贯彻落实党的十九大精神和2018年中央一号文件要求，加强农业产业化领域金融合作，推动农业产业化高质量发展，促进农业供给侧结构性改革，助力乡村振兴，农业农村部和中国邮政储蓄银行（以下简称邮储银行）提出如下意见。

一、总体思路和任务目标

（一）总体思路。深入贯彻落实中央关于实施乡村振兴战略的决策部署，引导农业产业化扶持政策与邮储银行信贷资金有效对接，利用邮储银行农村基层网点较多、服务"三农"能力较强的优势，加大对农业产业化的金融支持，提升农业产业化发展质量和效益，充分发挥农业产业化助推乡村振兴的功能作用。

（二）任务目标。通过双方合作，力争2018年实现邮储银行涉农贷款净增1 000亿元以上，三年内实现100个农业产业化龙头企业与100个农村项目的开发，授信金额达到1 000亿元；金融服务农业产业化水平明显提升，农业产业化发展实现新跨越，为乡村振兴增添新动能。

二、突出合作支持的重点

（一）支持农业产业化龙头企业做强。支持龙头企业发展生产基地、精深加工、市场营销，加强农业全产业链开发经营；拓展农业多种功能，发展"互联网+农业"、物联网农业、休闲农业等新兴业态；开展兼并重组，扩大农产品出口，参与"一带一路"倡议等。

（二）支持农业产业化联合体培育。支持龙头企业牵头发展农业产业化联合体，坚持以龙头企业及其上下游的农民合作社、家庭农场、农户等为重点服务对象，提供全产业链综合金融服务。

（三）支持农业产业化示范基地建设。支持农业产业化示范基地水、电、路、气、厂房、通信等基础设施建设，并建立技术研发、质量检测等公共服务平台，提升示范基地软硬件发展水平，推动农业产业集群集聚。

（四）支持一村一品专业村镇发展。搭建政府、银行、龙头企业、担保公司、保险公司等共同参与的平台，对贫困地区发展特色主导产业给予支持，培育建设农业特色小镇，壮大区域经济，推动兴村强县，促进一村一品、一县一业深入发展。

三、各级农业产业化主管部门要发挥好服务和指导作用

（一）推荐优质项目。了解当地农业产业化的融资需求，向邮储银行推荐需要贷款的龙头企业、农业产业化联合体、农业产业化示范基地、一村一品专业村镇及相关贷款项目，会同邮储银行共同推动缓解融资难融资贵问题。

（二）增进信息共享。开展农业产业化发展情况调研和监测，与邮储银行共享相关信息，了解邮储银行支持农业产业化的信贷政策，发布邮储银行支持农业产业化的相关产品介绍，协助开展龙头企业等主体信用评定工作，为贷前调查、贷后管理、风险防控提供支持。

（三）加强政策对接。大力推动农业产业化政策、农业产业化项目等与邮储银行信贷资金有机结合，进一步加强与有关部门沟通协调，争取更多贴息、补助、担保、税费减免等政策向获得贷款的龙头企业等主体倾斜。

四、邮储银行要切实加大对农业产业化的金融支持

（一）优先保障金融需求。对于各级农业产业化主管部门推荐的龙头企业等主体和项目，优先纳入总分行级三农金融事业部客户直管名单，在信贷资源、授信政策、利率定价、业务流程等方面给予优先保障，积极为龙头企业带动的上下游零售客户提供一揽子综合金融服务。对于龙头企业收购农产品的流动资金贷款要加快办理，确保及时足额放贷。农业产业化龙头企业贷款利率原则上执行中国人民银行同期同档次基准利率，并允许根据市场情况适当上下浮动，比例一般不超过10%。

（二）创新适用信贷产品。研究农业产业化发展过程中各类新主体、新业态、新要素的金融需求，创新农业产业链贷款担保产品，做好"两权"抵押、市场方担保、经营性车辆按揭、渔船抵押等。在"一带一路"金融服务的框架下，丰富支持龙头企业"走出去"的融资产品。

（三）探索特色服务模式。大力推广"1+N+X"产业链金融服务，

围绕龙头企业和产业链条开展工作,实现"批零联动";利用龙头企业的大数据资源,推进定制化线上批量业务;以农业产业化示范基地、专业村镇等产业集群集聚区为抓手,开展圈层式综合服务。

五、建立高效顺畅的工作协调机制

各级农业产业化主管部门和邮储银行要密切配合,建立部门协调机制,共同做好支持农业产业化发展的金融服务,适时就有关政策、重大项目、风险防控和监督检查等进行沟通协商。

省级农业产业化主管部门和邮储银行各一级分行每年汇总分析上一年项目推荐、贷款投放和经济社会效益等方面的情况,研究落实当年农业产业化领域合作工作措施,并于当年3月底前将合作支持农业产业化发展的情况及建议等报农业农村部和邮储银行总行。

农业农村部　中国邮政储蓄银行

2018年5月9日

第六章 镇属农投公司运营问题研究

在浦东新区农委、区镇政府的引导支持下,浦东新区各涉农镇先后成立了浦东新区镇属农投(农发)公司,包括曹路镇、祝桥镇、周浦镇、宣桥镇、新场镇、万祥镇、书院镇、泥城镇、老港镇、惠南镇、合庆镇、航头镇、大团镇、川沙新镇等,共计14家。这些镇属农投(农发)公司为农业安全生产、农业产业化进程的推进,以及镇集体资产的经营管理提供了重要支撑,为推进农业高质量发展、农村的稳定起到了积极作用,有效带动了农民增收。然而,在推动相关工作的过程中,仍存在一些问题,迫切需要关注。

本章主要以浦东新区14家镇属农投公司①为对象,重点围绕公司运营基本情况、成效经验、存在问题,以及下一步的发展思路和对策建议等方面展开。主要采用问卷调查、实地调研、专家座谈等方法,广泛听取了利益相关方的意见和诉求。2016年,先后召开了14家镇属农投公司负责人座谈会,听取了公司负责人的意见和建议;深入到各镇属公司,先后赴合庆镇、曹路镇、书院镇、泥城镇、周浦镇、航头镇、宣桥镇、新场镇、祝桥镇、惠南镇、万祥镇、大团镇、老港镇、川沙新镇等镇,与有关代表进行了充分的交流和讨论;听取浦东新区农委、镇农办等相关部门专家的意见,形成了研究报告,为镇属农投公司的有效运营提供决策支撑。

一、镇属农投公司运营的基本情况

(一)公司注册情况

从公司性质看,14个公司均为有限责任公司,其中周浦镇、宣桥镇、

---

① 镇属农投公司是镇政府为加快农业现代化步伐组建的镇级全资公司。

新场镇、万祥镇、泥城镇、航头镇、大团镇、川沙新镇、曹路镇9个镇的农投公司均为国内单一公司单独出资,为一人有限责任公司;其余5个镇的农投公司(祝桥镇、书院镇、老港镇、惠南镇、合庆镇)均为国内2家公司合资。

从组织结构看(表6-1),祝桥镇、航头镇、惠南镇、新场镇、泥城镇、老港镇、合庆镇、川沙新镇、周浦镇、万祥镇、曹路镇的11个镇的农投公司均设有执行董事和监事,周浦镇、新场镇、万祥镇、泥城镇、航头镇5个镇的公司不设股东会及董事会,祝桥镇、老港镇、惠南镇、合庆镇4个镇的公司设股东会、不设董事会,川沙新镇及曹路镇2个镇的公司设有董事会。

表6-1 浦东新区11个镇农投公司的组织结构

镇农投公司	股东会	董事会	执行董事	监事
祝桥镇	√		√	√
航头镇			√	√
惠南镇	√		√	√
新场镇			√	√
泥城镇			√	√
老港镇	√		√	√
合庆镇	√		√	√
川沙新镇		√	√	√
周浦镇			√	√
万祥镇			√	√
曹路镇		√	√	√

资料来源:调研资料整理。

从注册经营范围看(图6-1),主要包括6个方面,分别为:

(1)农业项目、集体资产的投资及咨询。

(2)农业科技专业领域内的技术开发、技术转让、技术咨询、技术服务。

(3)农田水利基本建设工程建设(如河道疏浚、土石方工程、农村水利灌溉)。

(4)农产品(水产)生产及销售。

(5)风景园林建设工程专项设计与施工。

（6）其他商业行为，如新场镇的商务信息咨询、农业与农机设施销售；书院镇的广告设计、旅游纪念品的销售、旅游纪念品领域内的技术开发；泥城镇的肥料、饲料、五金装潢材料销售等。

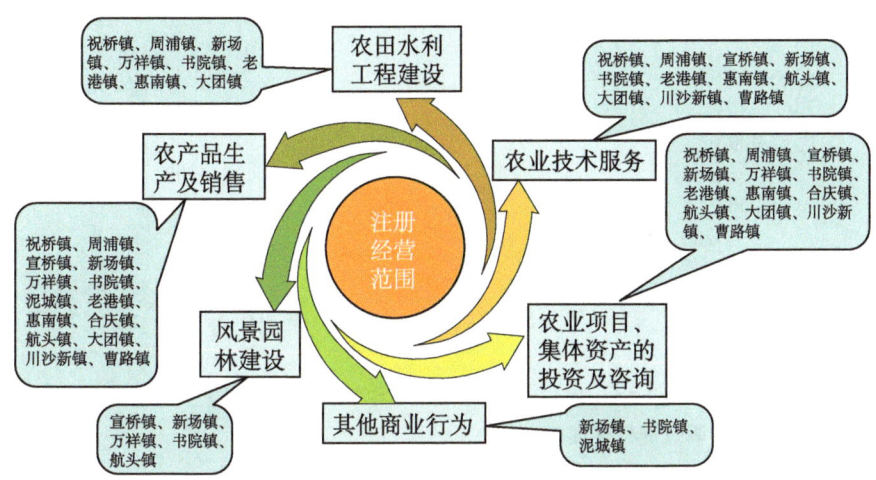

图6-1　浦东新区14个镇农投公司的主要经营范围
资料来源：调研资料整理。

从注册资本看（图6-2），14家农投公司中，注册资本在500万元以下的有书院镇、泥城镇2个镇的农投公司；500万（含）~1 000万元的有周浦镇、宣桥镇、万祥镇、老港镇、合庆镇、大团镇、曹路镇7个镇的农投公司；1 000万（含）~2 000万元的有新场镇、航头镇、川沙新镇3个镇的农投公司；3 000万元（含）以上的有祝桥镇（3 000万元）、惠南镇（5 000万元）2个镇的农投公司。

（二）公司人员情况

从职员人数看，职员人数在10人以下的有祝桥镇、惠南镇、航头镇、大团镇4个镇的农投公司，其中祝桥镇仅有2人；10（含）~20人的有宣桥镇、新场镇、书院镇、泥城镇、老港镇5个镇的农投公司；20（含）人以上的有周浦镇、万祥镇、合庆镇、川沙新镇、曹路镇5个镇的农投公司。

从人员构成看（图6-3），周浦镇、新场镇、书院镇、泥城镇、老港镇、惠南镇、航头镇、大团镇的农投公司人员主要来自政府机关委派；宣桥镇、川沙新镇、曹路镇的农投公司人员主要来自社会招聘；合庆镇、祝桥镇、万祥镇、惠南镇的农投公司的部分人员是借调的。

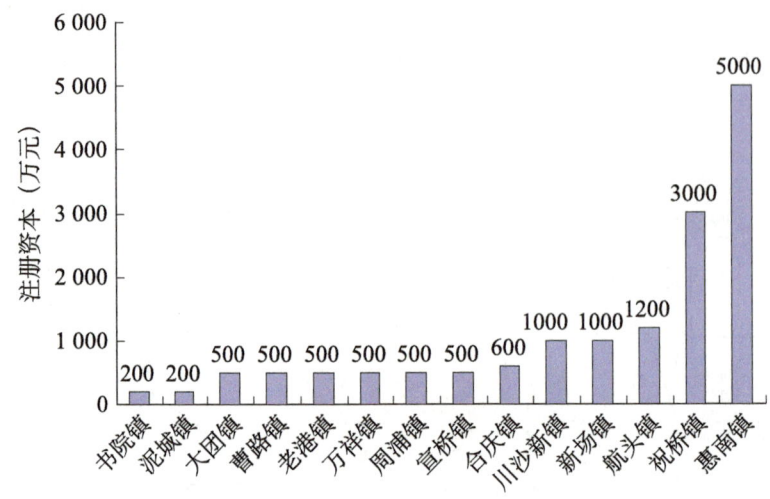

图6-2　浦东新区14个镇农投公司的注册资本

资料来源：调研资料整理。

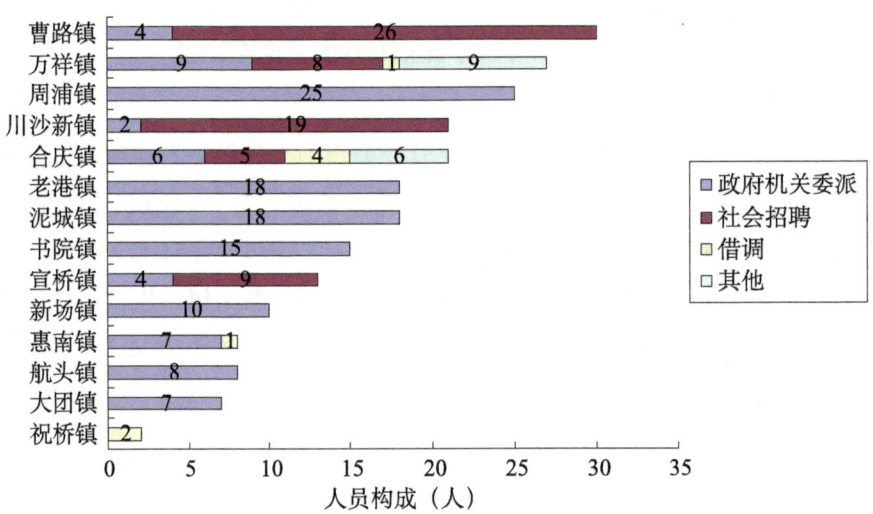

图6-3　浦东新区14个镇农投公司的人员构成

资料来源：调研资料整理。

（三）公司运作模式

主要有4种运作模式，分别为地方政府全额拨款、自收自支、参与经营、混合模式。其中，①地方政府全额拨款模式的有3个：周浦镇、万祥镇、大团镇的农投公司；②自收自支模式的有3个：书院镇、惠南镇、航头镇的农投公司，主要的有偿服务项目是土地复垦和土地租金等；③混合模式的有6个：宣桥镇、新场镇、老港镇、合庆镇、川沙新镇、曹路镇（图6-4）。

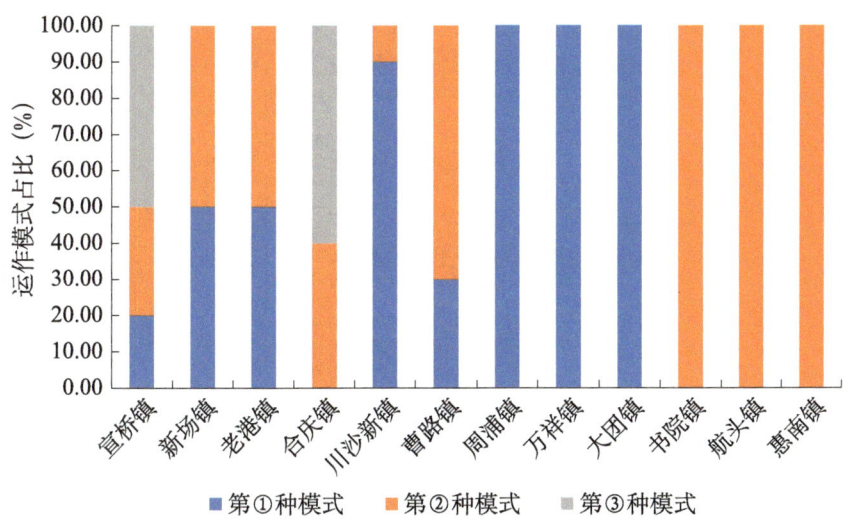

镇农投公司	有偿服务项目
新场镇	土地租赁
老港镇	土地租赁
合庆镇	涉农项目代管理
川沙新镇	房屋（镇集体资产出租）
曹路镇	农产品销售
书院镇	土地垦复
惠南镇	土地租金

图6-4 浦东新区12个镇农投公司的运作模式百分比及有偿服务项目

资料来源：调研资料整理。

注：1. 第①种模式为地方政府全额拨款；第②种模式为自收自支（有偿服务项目）；第③种模式为参与经营。2. 祝桥镇、泥城镇2个镇的农投公司未填报，只有12个镇的农投公司数据。

（四）公司人均年收入情况

从2013—2015年人均年收入看，万祥镇、泥城镇、大团镇的农投公司收入较低（低于5万元）；航头镇、川沙新镇的农投公司收入较高（超过8万元），其余公司都在5万~7万元（图6-5）。

从2013—2015年人均年收入演变看，除老港镇、曹路镇的农投公司逐年递减，新场镇、川沙新镇的农投公司年收入基本稳定外，其余10个镇的农投公司都是逐年增加。

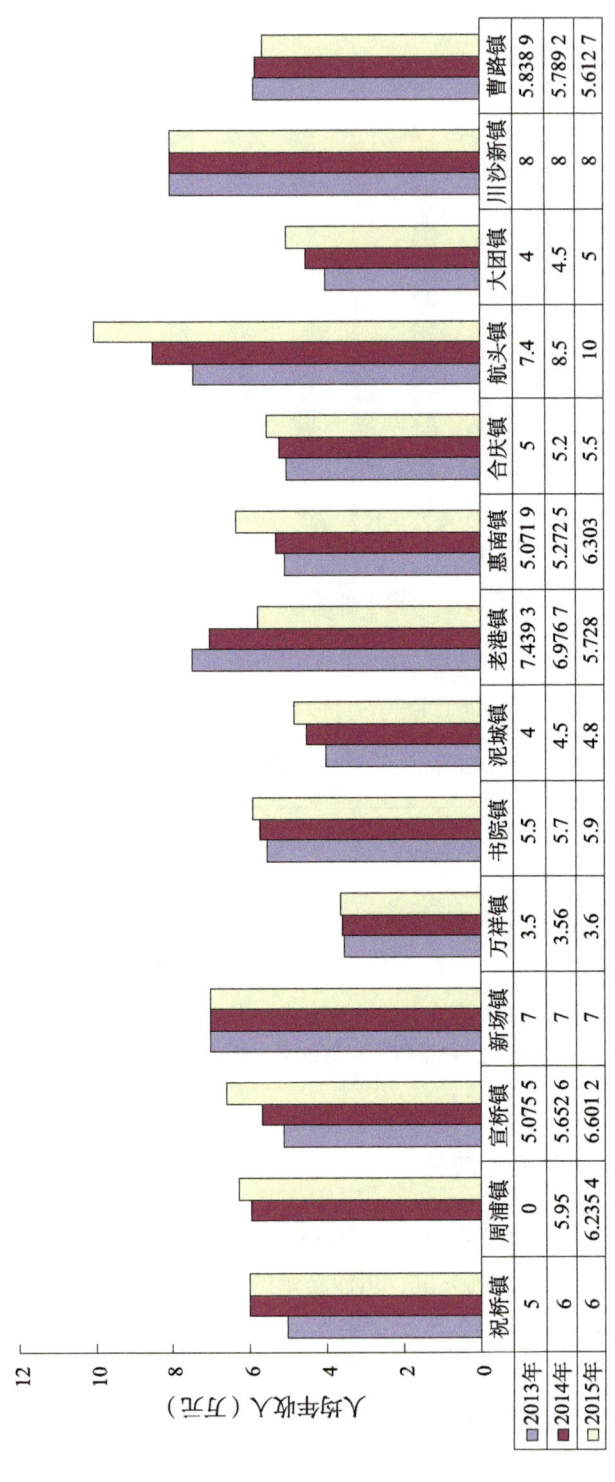

图6-5 浦东新区14个镇农投公司的2013—2015年人均年收入

资料来源：调研资料整理。

（五）公司管理流转土地的规模

大部分镇的农投公司都有管理流转土地的业务，其中，管理的土地面积在1 000亩以下的有老港镇、大团镇的农投公司；2 000~5 000亩的有祝桥镇、周浦镇、万祥镇、惠南镇和曹路镇的农投公司；9 000~10 000亩的有泥城镇、合庆镇的农投公司；10 000亩以上的有川沙新镇、书院镇的农投公司（图6-6）。

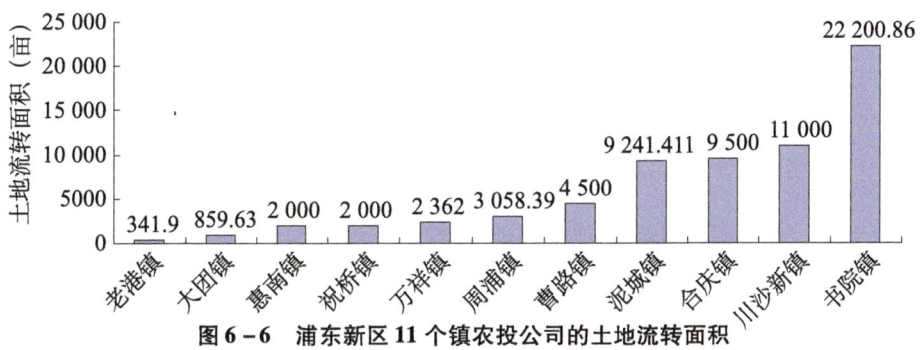

图6-6 浦东新区11个镇农投公司的土地流转面积

资料来源：调研资料整理。

注：宣桥镇、新场镇、航头镇3个镇的农投公司未填报，故只有11个镇的农投公司数据。

（六）公司享受扶持政策情况

根据调研数据，大部分镇属农投公司都有财政扶持项目。其中，以农田水利专项居多，老港镇的农投公司有15项（总计14 521.71万元，重点是农田水利专项），万祥镇的农投公司有9项（总计5 517.75万元，重点是农田水利项目），周浦镇农投公司有3项（合计2 030.056万元，重点是农田水利专项），泥城镇农投公司有5项（合计1 684万元，重点是支农资金，如菜田建设），惠南镇农投公司有3项（合计4 421.13万元，重点是农田水利专项），合庆镇农投公司有3项（合计5 981万元，重点是火龙果基地建设），大团镇农投公司有5项（合计1 508.5万元，重点是大团果园基建），川沙新镇农投公司有3项（合计2 881万元，重点是支农资金项目），曹路镇农投公司有2项（合计140万元）（图6-7）。财政扶持资金以贴息为主，其次是税收减免、种养直补等。

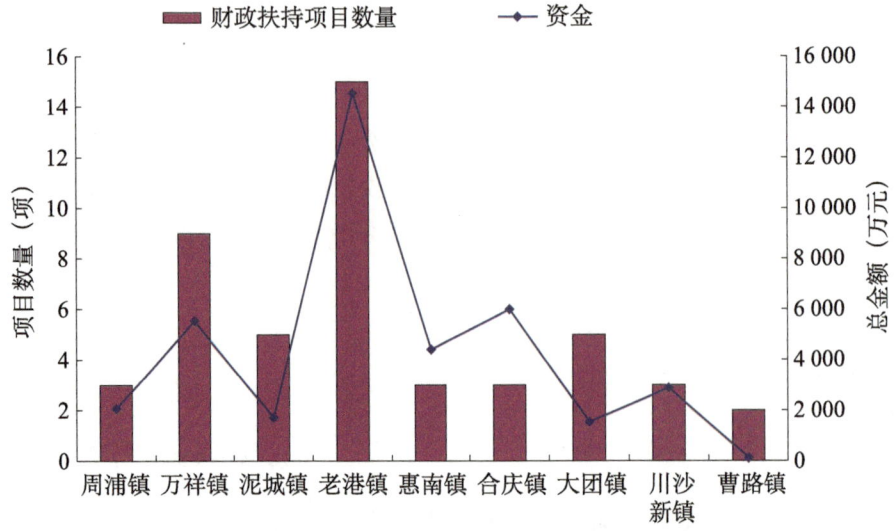

图6-7 浦东新区9个镇农投公司财政扶持项目数量及总金额

资料来源：调研资料整理。

注：祝桥、宣桥、新场、书院、航头5个镇的农投公司资料未能获得。

二、镇属农投公司运营的经验与主要成效

自浦东新区各镇属农投公司成立以来，在市、区各级农委及相关部门的高度关注及支持下，镇属农投公司全面贯彻落实市委以率先实现农业现代化为目标，以现代产业发展理念为指导，以改革创新为动力，大力加强现代农业建设，有序开展了一系列务实的工作，并取得了一些成效。

（一）经验做法

浦东新区镇属农投公司涌现了不少好的经验做法，如曹路农投公司的"统一管理，做好服务"，书院镇农业投资管理有限公司的"域外经营，增强造血能力"，周浦农业投资管理有限公司的"依托资源，做强农业产业"等。

1. 曹路经验的核心是统一管理，做好服务

一是将土地统一流转到农投公司，建立10平方千米的现代农业园区，统一建设、统一由农投公司管理。农投公司在出租土地时，主要考察租入企业的种植能力，本地企业优先，3~5年一签，租金维持稳定，并收取一定保证金，每年对租地企业进行考核，年底考核合格后返还保证金，考核

优秀的企业，另有镇政府的额外奖励。二是建立完善现代农业综合服务体系。曹路镇农业投资管理公司作为主管单位，不断完善各项规章制度，积极做好农业园区的物业管理服务工作。例如，与区、镇农业服务中心合作，邀请各类专家，深入到企业、合作社，开展农业技术指导、技术咨询服务等培训活动。又如，成立曹路镇农业科技协会，有50余家农业企业入会，为农企搭建服务平台，做好农产品产前产中产后服务工作。2015年引进的海舟协友副食品公司，在农业合作社生产的蔬菜滞销时，按市场价托底全收，解决了农户种菜容易卖菜难的问题。三是抓"两个安全"，即确保园区安全生产和对农药安全监管、农产品追溯体系的建立。有安全隐患的地方都要设立警示标志，同时定期进行安全隐患的排查工作，对农药仓库、农残检测、台账记录等安排专人专项检查；对园区的考核办法进一步完善，在时间上由以前的每月月底前考核改为不定期的抽查，同时要求各单位在检查表上签字整改，月底再统一汇总，力求公平公正、常态长效化。四是进一步完善园区网格化综合管理制度。将"三违"监管任务分解落实到部门及责任人，建立专业队伍，每天巡查，做到早发现、早制止、早整改，源头控制防患于未然。将"三违"监管整治工作绩效，与公司相关部门及员工年度考核奖金挂钩，与园区入驻企业的年度考核奖励直接挂钩，形成上下共建氛围和长效管理机制。加强民主监督，在大门口专门设置"三违"举报投诉箱，让群众来共同监督管理。五是加大品牌创建与提升力度。公司加大品牌宣传力度，大力发展标准化生产，全面推行农产品生产记录、健全质量安全可追溯机制、积极开展"无公害、绿色、有机"产品认证，完善农产品质量安全检验设施，确保园区生产经营农产品的质量安全。

2. 书院经验的核心是通过域外经营及拓展销售渠道，增强公司的造血能力

书院镇农业投资管理有限公司联合农业服务中心、上海葵园农家乐专业合作社等5家单位，发起成立农民合作联合会，成员单位已有23家规模较大的合作社，联合会与浙江丽水等地合作，进行农产品市场对接，实现域外经营。农投公司与合作社合作的模式为：农投公司预定农产品品种和数量，按照农产品售价的8折来下订单订购。23家合作社的规模都较大，且走高端路线，水稻选用优良品种，使用优质生物农药，使得农产品农药残留标准较高，一般售价可达到20元/千克以上。同时，积极与中国海运

等单位结对，拓展农产品销售渠道，使得公司的造血能力不断增强。

3. 周浦经验的核心是依托资源，做强农业产业

一是公司抓住迪士尼等周边重大旅游项目的契机，通过科学规划、合理布局，依托棋杆村"美丽乡村"建设项目，界浜村挂牌AAA级农业旅游景点"周浦花海"，配套迪士尼游乐园，进一步发展现有的休闲旅游观光农业项目。二是通过"强管理，练内功，树品牌"进一步提升农业旅游项目的品质，做大做强农业旅游产业，促进农业产业融合发展。2015年，周浦花海生态园区种植的春花及秋花，观赏效果得到了业界及游客的一致好评，更是在上海电视台进行了6次新闻性报道播出；2015年周浦花海生态园举办的康乃馨鲜花毯展览、大型跑步等活动吸引了众多游客参与，取得了良好的活动效应及社会影响。三是注重特色蔬果产业发展，培养农村实用人才和科技示范户，采取专家授课、经验介绍、技术咨询等形式，开展技术培训，提高种植水平，从而切实做强农业产业，提高农业效能，多渠道促进农民增收。四是将特色农业、精品农业与旅游农业有效结合，以平棋葡萄专业合作社的经营方式去发展其他特色农产品合作社和农业项目，包括注重合作社的内部管理、生产操作和安全监管，制定一整套规范的操作措施，以绿色食品的标准操作，成立分工明确的质量管理领导小组，有效保证产品的质量。

（二）取得的成效

1. 为镇集体资产经营管理提供重要支撑

各镇将镇、村集体资产中涉及农业方面的资产，如土地、设施等，划拨给镇属农投公司，由公司进行资产经营和管理。目前，镇属农投公司对于这些镇集体资产，如土地，在确保进行管理及整治、建设的基础上，或外租或自主经营，确保了集体资产不流失，保护了集体资产。特别是在协助政府进行土地确权、土地复垦、土地流转等土地管理上，提供了重要支撑。

2. 为涉农项目申报及管理提供有力支撑

各镇涉农项目的申报由镇属农投公司自行申报或参与申报、协助农业合作社及家庭农场进行申报等，公司为各涉农项目的落地，促进当地农业的现代化、产业化发展提供了有力支撑。此外，部分镇属农投公司还肩负项目管理职责，确保了资产无流失。

3. 为农业生产安全管理提供有力保障

镇属农投公司通过加强安全生产管理，以及建立农药安全监管、农产

品追溯体系等一系列举措，使得农业生产管理得到了加强。以曹路镇为例，2015年完成农产品检测样本6 000个，合格率100%。

4. 为农业产业化进程的推进提供重要支撑

镇属农投公司通过基础设施修建、绿化养护等项目的实施，加强了农田基础设施建设；在大力发展标准化生产、积极开展实施菜田无公害农产品认证工作、建立健全质量安全可追溯机制的基础上，不断强化品牌意识，进行农产品品牌建设，不断提升、发扬品牌形象；结合浦东新区农业生产特点，积极探索和创新家庭农场与其他各类新型农业经营主体联合发展模式；提高了农业服务水平。

5. 为促进农民增收提供有效支撑

镇属农投公司通过农产品销售、项目申报示范带动、发展旅游产业等，因地制宜引入科技化农业生产技术及因人制宜引入高学历农业投资客，取代素来"靠天吃饭"技术含量较低的农业生产模式，以点带面、批量化带动周边农户生产，促进农民增收。

6. 社会效益显著

镇属农投公司通过多项举措，维护了农村及整个社会的稳定。例如，曹路镇农投公司设立信访办，妥善安排上访农民工作；花海生态园与周浦镇相关部门合办了"帮困结对"活动，通过公益捐助的方式，对需要资助的贫困学生给予了帮助。在支付农民土地流转费用的同时，还通过优先吸纳流转土地的百余名失地农民就业，妥善安置了失地农民；此外，花海生态园还利用现代科技传播园林文化，被评为上海市科普教育基地，2015年度共举办科普活动13次，覆盖科普人数超过10万人次。

三、镇属农投公司运营中要重视的问题

浦东新区镇属农投公司在集体资产经营与管理、农业生产经营管理、促进农业产业化发展等方面起到了重要支撑作用，但在调研过程中，我们发现，公司在运营过程中仍有共性问题，需要引起重视。

（一）镇属农投公司与政府边界并未完全厘清

一方面，镇政府与农投公司边界尚不清晰。从公司运作模式看，不少镇属农投公司的基本运营仍依靠镇政府财政拨款。但是，镇属农投公司作

为独立的市场主体,应按照市场行为运营,其基本运作经费如果由镇政府直接划拨,则"名不正言不顺";从管理上看,大部分镇属农投公司的人才招聘基本由镇政府"说了算",公司没有招聘人才的话语权,公司组织结构也有待完善。另一方面,镇属农投公司作为镇政府大力扶持的企业,其与镇政府关系密切,但与区级层面关系相对弱化,区政府对镇属农投公司的管理和指导不多。在调研过程中,各镇属农投公司反映最集中的问题就是区级没有对口部门指导工作。除川沙新镇政府每年对镇属农投公司有1次考核外,合庆、曹路、周浦、宣桥、大团、老港等各镇农投公司都反映,缺少对口部门的指导,希望能有区级管理部门规范公司运营。缺少区级层面的顶层设计,由此带来了诸如缺乏通盘考虑,各公司存在同质竞争、缺少合作的问题。

(二) 镇属农投公司职能不明确

在调研过程中,有不少公司反映,农投公司的职能并没有明确的规定。各镇农投公司职能区别较大,有些公司承担了土地等资产管理、农业项目申报与管理等多项职能,有些公司则承担任务较少。随着近几年的发展,不少镇属农投公司成立之初的职能也发生了变化,有些公司职能在逐步扩大,有些却在日渐萎缩。例如,惠南镇属农投公司,成立初衷是为了协同管理1万亩的镇保土地,但随着公司的发展,逐渐有以利润最大化为经营目标的趋势,对土地的管理,也将经济收益放在第一位。又如,航头镇的航馨农业投资发展有限公司,自有的绿化公司业务在日渐萎缩。由于公司职能不明确,不少工作难以真正落实。例如,一些合作社存在乱搭乱建现象,但农投公司没有执法权,巡视村庄改造的人员没有执法证,监管效果不佳。部分镇属农投公司80%的企业项目是由农投公司统一申报的,但还有20%的龙头企业不通过农投公司申报,并且后者的比例有扩大的趋势,为农投公司的统一管理带来了难题。农投公司缺少农业项目的自主权。目前,项目是批复到镇属农投公司的,但在具体项目执行对接时却跳过农投公司,直接跟企业联系,而管理又由农投公司负责,这样的操作可能会产生集体资产流失的风险。

(三) 镇属农投公司造血能力有待提高

一方面,公司承担了部分政府职能,但政府通过购买服务的方式给予资金支持或通过补贴来补偿的渠道较少且不稳定；另一方面，公司缺乏资源，缺少创收路径，造血能力不足，大部分公司经营处于亏损状态。目前，有些公司虽然承担了不少业务，诸如农业相关建设类项目管理、村庄长效管理、养护类项目等，但都是无法创造利润的业务。公司收入主要依靠土地复垦的奖励性补贴，没有其他稳定的收入，也就没有固定的经费来支付员工工资和运行基本费用。例如，合庆镇农投公司业务范围包括2 000～3 000亩土地的环境整治、搬迁拆迁以及产业调整后土地管理问题，但土地零碎分散，大小不同，难以管理，农投公司既要付土地流转费，又要付养护费，但是公司目前没有收入，导致土地管理难度大。又如，曹路镇农投公司对厂房改造后，为了服务农业发展，以较低的价格出租，这部分需要政府补贴。一些公司想要拓展工程类项目，又由于缺乏资质，很难拿到这类项目。造血能力不足，易造成公司与民争利的潜在风险。

（四）镇属农投公司缺乏高素质的专业人才队伍和工作体系

作为推动镇级农业农村发展的重要平台和载体，科学、高效、协调运转，镇属农投公司必须有一支过硬的专业化队伍和相应的工作体系。在调研过程中，有不少公司反映，人才是制约公司发展的主要因素。一方面，人力数量不足，还有些职员被借调到农技站等相关部门，有不少是退休但未退岗的村干部，信息化背景下的专业技术与有丰富管理经验的专业人才缺乏，难以支撑更多业务，亟须壮大人才队伍；另一方面，公司人才招聘自主性较低（人才招聘基本由政府指派，公司基本没有自主权），政企不分一定程度上依然存在，能进能出、能上能下、人尽其才的良好局面有待形成，引进合适的人才相对困难。各个层面的激励约束机制和责任奖惩机制也尚未有效建立，无法有效体现人员在能力、责任、贡献等方面的差异。

（五）对镇属农投财政和金融税收扶持力度不足

受到财政规范的限制，政府对镇属农投公司的扶持力度不够，一是农业大镇的农投公司并未享受到倾斜性的扶持。例如，农业大镇的家庭农场基础设施建设项目，部分路沟渠水平仍停留在20世纪60—70年代，项目区财政补贴50%，剩余的50%由镇配套的资金得不到落实，公司也没有财力支持，只能由家庭农场自己投入50%，而家庭农场很难有财力，将难以继续发展，家庭农场会有转租的趋势，会有潜在不稳定因素。二是公司的人力成本亟待财政扶持。不少镇农投公司反映，涉农人员养老金负担较重，政府在公司人力扶持上有待加强。三是财政补贴资金稳定性有待加强。部分镇财政补贴资金并不稳定，导致公司经费不足，工作人员缺乏积极性，影响了工作效率。四是贷款贴息扶持力度有待加大。农业项目贷款较难，有些财务报表亏损的公司无法享受贷款贴息政策。享受贴息政策的，差额贴息比例是政府补贴七成，公司要付三成，压力较大。五是税负较重。土地租赁开发票，要缴纳6%的税，营改增后变为12%左右，公司负担较重。

四、推进镇属农投公司运营的思路与建议

尽管浦东新区镇属农投公司仍在存在一些不足，但随着全面深化改革的深入推进，公司在镇级涉农领域中的重要作用将愈发凸显，进一步深化改革、充分发挥其集体资产管理、环境保护等方面的重要作用，已经愈发迫切。为进一步发展壮大镇农投公司，逐步形成布局合理、分工明确、主业突出、运营规范的投融资平台，总体思路是：以科学发展观为指导，按照"公益性、引导性、发展性"的要求，整合政府资源，运用市场化手段，广泛吸引社会资本参与，不断壮大自身实力，以保障"管资产、促和谐"职责为核心目标，因地制宜，明确公司定位，以问题为导向，推进镇属农投公司健康、可持续发展。具体从以下几个方面着手。

（一）厘清政府与镇属农投公司的边界

厘清镇政府与镇属农投公司的边界，减少政府直接参与和干涉农投公司的具体管理行为，使农投公司回归真正的市场主体。加快建立镇属农投公司运营规范，加大对农投公司的规范管理，因地制宜激发其市场主体活力，充分发挥市场主体的决定性作用，更好发挥政府的引导与服务作用。进一步明确镇属农投公司的区级指导部门，从区级层面做好顶层设计，厘清和理顺指导部门与农投公司的关系，统筹谋划各镇属农投公司发展，加强农投公司间的合作，避免同质竞争。加强业务培训，由主管部门对农投公司开展经营考核，建立健全激励约束机制，有效引导和监管农投公司健康可持续发展。

（二）明确镇属农投公司的职能定位

明确公司职能定位，才能为公司有效运转提供重要保障。充分认识到镇属农投公司不同于一般投资公司，镇属农投公司的股东是镇政府，既是执行镇政府职能的组织，又具有企业的性质，是不以营利为唯一目的的公司。在市场经济中，镇属农投公司作为镇政府授权经营机构，贯彻落实政府意图，从事一般投资公司不愿从事的外部性强、盈利率不高的项目，以及承担社会责任，而这些对农业农村的发展具有基础性和根本性的作用。在社会资本投资渠道尚未完全打开的阶段，农投公司应担负起经营管理集体资产等重要职能。同时，作为一个公司，如果没有利润，公司的可持续经营就无从谈起，因此，营利性也不容忽视。应当在保证公共职能的前提下，追求一定水平的经济收益。具体来看，建议14个镇属农投公司稳定核心职能，即土地管理、农业项目及区镇财政资产形成的资产的经营管理，在此基础上，根据各镇不同情况，进一步明晰适合各自情况的职能，据此规范公司收费，并通过管理办法的形式加以明确。

（三）提升镇属农投公司造血能力

镇属农投公司的盈利能力即造血能力是保障公司可持续发展的核心。有条件的镇属农投公司可以因地制宜地借鉴曹路、书院、周浦等镇属农投公司的经验。进一步完善镇属农投公司的组织体系，完善法人治理结构，建立科学的决策和管理机制，加强决策风险管理。加强投资领域的发展趋势研究，充分把握"有所为，有所不为"的理念，在对自身以及市场环境进行充分正确分析的基础上，探索投资业务创新，找准合适的投资领域及项目，充分发挥自身实力，增强核心竞争力。

（四）完善镇属农投公司人才队伍建设和管理体系

解决人才问题是推进公司发展的重要前提，应认真分析公司人才结构，根据公司业务发展需要，制定公司人员管理办法和人员薪酬标准等规章，建立有序竞争的人员进出机制，完善农投公司员工收入分配调控机制。在用好公司现有人才的基础上，通过对外招聘以及建立教授工作室等积极引进成熟专业人才，同时加大新人培养力度，做好人才储备。建议区级层面统筹协调，将"三支一扶"政策向镇农投公司倾斜，为镇属农投公司解决人才难题。

(五) 加大对镇属农投财政和金融税收扶持力度

加快制定镇属农投公司考核奖励办法，加大区级政府财政的稳定支持力度。对农投公司在农业公共服务方面的工作，从项目、资金、政策等方面，通过考核奖励的方式给予支持，特别是对财力薄弱的镇，造血能力相对较弱的涉农的镇属农投公司，区级财政要加大扶持力度，给予镇属农投公司与其承担的诸项义务相匹配的财政扶持。鼓励公司积极探索引入民间资本的注入。加强对镇属农投公司优惠的银行信贷政策研究，加大对镇属农投公司的贷款贴息扶持力度。落实镇属农投公司税收优惠政策。加大结构性减税力度，根据企业考核的不同等级，在政府权限内给予一定年限的企业所得税减免，并尽可能给予其他税费方面的必要减免。扩大优惠增值税政策的实施范围，给予更多运转较好的农投公司以即征即退的优惠，减轻企业的税收负担。

第七章 盘活浦东新区农民闲置房屋研究

盘活农民闲置房屋是放活农民房屋使用权，释放集体资产经济价值，增加乡村振兴用地的改革尝试，既有利于促进农民增收、发展集体经济，又有利于优化农村产业结构、促进城乡融合发展。随着农村改革实践的不断推进，相关政策也在不断演进。2018 年，中央一号文件《中共中央 国务院关于实施乡村振兴战略的意见》指出，要完善农民闲置宅基地和闲置农房政策，探索宅基地所有权、资格权、使用权"三权分置"，落实宅基地集体所有权，保障宅基地农户资格权和农民房屋财产权，适度放活宅基地和农民房屋使用权。2019 年，《中央农村工作领导小组办公室 农业农村部关于进一步加强农村宅基地管理的通知》指出，鼓励村集体和农民盘活利用闲置宅基地和闲置住宅，通过自主经营、合作经营、委托经营等方式，依法依规发展农家乐、民宿、乡村旅游等。农业农村部《关于积极稳妥开展农村闲置宅基地和闲置住宅盘活利用工作的通知》（农经发〔2019〕4 号）提出，以提高农村土地资源利用效率、增加农民收入为目标，在依法维护农民宅基地合法权益和严格规范宅基地管理的基础上，探索盘活利用农村闲置宅基地和闲置住宅的有效途径和政策措施，为激发乡村发展活力、促进乡村振兴提供有力支撑。根据 2020 年开始执行的《中华人民共和国土地管理法》（以下简称《土地管理法》），鼓励农村集体经济组织及其成员盘活利用闲置宅基地和闲置房屋。2020 年，上海市农业农村委员会、上海市规划和自然资源局、上海市住房和城乡建设管理委员会联合发布《关于进一步加强本市农村宅基地管理工作的通知》，提出鼓励村集体和农民通过自主经营、合作经营、委托经营等方式盘活利用闲置宅基地和闲置住宅，依法依规发展农家乐、民宿、乡村旅游、养老休闲等产业，支持返乡人员依托自有和闲置住宅发展适合的乡村产业项目。

本章以浦东新区 22 个镇（高行和南汇新城镇因无行政村故不纳入）的农民闲置房屋为对象，主要采用问卷调查、入村调研、专家座谈等方法，重点围绕农民闲置房屋的基本情况、成效经验、存在问题，以及下一步的发展思路和建议，广泛听取了利益相关方的意见和诉求。考虑浦东新区南北差异和东西差异，选取各自典型，先后赴连民村、赵桥村、长达村、大河村、新南村、新丰村，与村干部、村民代表、企业代表进行了充分的交流和讨论；对浦东新区 22 个镇的 100 个村的 1 492 户住户进行了抽样问卷调查；听取了浦东新区农委等相关部门专家的意见，以期深度分析上海郊区农民房屋闲置状况及其盘活利用的可能性和方式，剖析当前存在的困难，并对未来促进盘活利用闲置农房提出相应政策建议。

一、浦东新区农民闲置房屋现状及案例分析

（一）面上基本情况

1. 房屋房龄较老，以砖混结构为主

从房屋建造时间来看，浦东新区农民房屋普遍较老，房龄 30 年及以上的占比达 55%，房龄 20~30 年的占比为 30%，10 年及以下的占比仅 5.1%（图 7-1）。从房屋结构来看，主要以砖混结构为主，占比 76%，钢筋混凝土结构的仅占 10.6%。此外，近 23% 的调查户认为自己的房屋需要危房改建，其中有近一半的调查户聘请过专业机构进行危房评估。

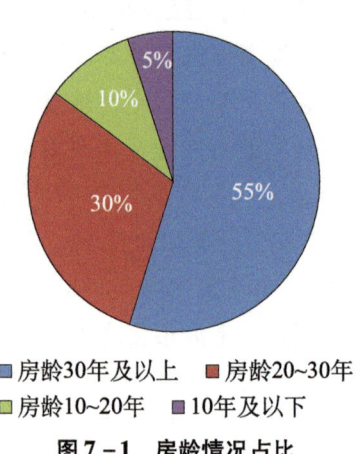

图 7-1 房龄情况占比

2. 农民房屋以自住为主

农民房屋全部或部分自住的户数比例达到 89.7%，自住面积占村民房屋面积的比重高达 94.4%。总体看，出租率较低，仅有 10% 的调查户将房

屋出租。调查户中尚无将房屋进行入股或抵押的情况。

3. 近六成的调查户有出租意愿

有四成的农户不愿出租闲置房屋，主要原因有：房屋地段偏远，租金不高，因此对出租房屋不感兴趣；一个门户进出，租给外人不方便也不安全；外地人不注重房屋清洁，打扫管理太麻烦；即将动迁，不方便出租等。

4. 更倾向于自行出租给个人

愿意将房屋出租给村集体的占38%，选择直接出租给个人的比例高达46.6%。

5. 出租房屋的意愿高于房屋入股和抵押的意愿

不到30%的调查户愿意将闲置房屋入股，不愿意入股的原因主要是担心村集体的经营能力，怕有经营风险，还有人认为"自己的房屋不愿意出租就随时可以收回，但入股了就不是自己说了算"。不愿意抵押的调查户主要是觉得抵押贷款利息高、办理贷款手续繁琐，还有调查户觉得"说不清"。

（二）典型案例

案例一：连民村

1. 连民村基本情况

连民村位于浦东之心，川沙之南，北距迪士尼乐园5千米，南距上海野生动物园6千米，东距浦东国际机场直线10千米，周边有川沙古镇、新场古镇、会龙寺等历史人文景观资源，具有得天独厚的区位优势；交通便捷，四通八达，S32高速公路横跨东西，六奉公路贯穿南北。

连民村土地面积广袤、水系资源发达，早在20世纪60—70年代的六灶公社时期，就有"鱼米之乡"和"西南粮仓"的美誉，是一个民风淳朴的自然村域。村域面积4.62平方千米，全村耕地面积2 917.91亩，林地597.9亩。村水域面积0.82平方千米，132条段河流，占村域总面积近20%，五纵五横景观水系连接各村落，形成了连民村优美的水乡景观。全村共有23个村民小组，户籍人口3 645人，本地农户1 539户，是川沙镇最大的行政村。

连民村有着大片的果园和水稻地，辖区内共有23个特色专业合作社，其中有闽龙实业、绿妮瓜果、汇绿蛋品、精文奇草、邮佳果蔬、亚狮鲜果、山臻果蔬、志磊菌菇等多家规模化合作社,盛产沙漠玫瑰、8424 西瓜、南汇水蜜桃、翠冠梨、葡萄、草莓、阿强鸡蛋、蔬果花卉、精养鱼虾等,各类优质农产品丰富,2018 年度村集体可支配收入 472.42 万元,农民人均收入 3.27 万元。

2. 特色民宿经验

为了盘活农民闲置房屋,提高农民财产性收入、工资性收入,提高农产品附加值,实现农村发展、农民增收、农业增效,连民村以"特色民宿+精品农业"为产业发展重点,聚焦特色民宿产业,促进一二三产融合高效发展。以上海宿予旅游文化发展有限公司(简称宿予)为例,不仅很好地利用了农民闲置房屋,还为农民带来了实质性的收益,提升了农村整体环境。为农民带来的三个收益包括房租收入、工资收入和农副产品收入。其中,80~580 平方米的农房到手租金为 3.6 万~15 万元,且每年递增 5%,租约 15 年。从事房务工作的基层人员工资收入为 3 000 元/月,从事管家工作的服务人员工资收入在 5 500 元/月,民宿主人工资收入 8 500 元/月。通过民宿改造,为房屋主人提升了居住空间质量。在政府、民宿公司、村民的共同打造维护下,连民村的整体环境也得到了较好的提升。

一是村集体引入资本运营发展民宿产业。2016 年,连民村和东方明珠集团合作,引入中国台湾知名民宿运营商及本土风投,共同组建成立了具有丰富民宿运营经验、雄厚金融资本和多元传媒渠道支撑的合资公司"明珠富想川沙(上海)名宿文化有限公司",并打响了"宿予"特色民宿品牌,其中川沙镇农投公司入股 10%。2016 年 9 月 1 日,公司完成第一栋民宅租赁合同签约,同年 11 月,第一栋和第二栋民宿样板房改造启动。2017 年初,2 栋样板房竣工。因改造后的民宿主题鲜明,空间设计美观,迎来了较高的美誉度。

二是制定了运营民宿的农房选择标准。宿予选择农民房屋的标准如下:①双方自愿;②房屋环境及所处地理位置;③房屋之间的间距、建筑面积,原则上大于上下两居 180 平方米;④房屋有宅基地证书;⑤房屋无债权债务。

三是先做好试点再稳步推进。2016 年以来,宿予规划先以一个宅村为一个点,再做到全村覆盖。截至目前,连民村与宿予签订租赁合同的农户有 47 家,签约期限均为 15 年,出租税费由民宿公司承担,租赁期满后公司承诺硬装赠送。在这 47 户中,30 户房屋为纯闲置,17 户房屋部分出租。

目前，20幢房子已投入利用，分别作为民宿出租和员工宿舍。其中已开放营业的民宿有6幢，共14间房，每个房间以每晚800~2 000元一间的价格出租给客户，3幢房子作为员工宿舍，供厨师、保洁、司机、财务、人事、管理等50名员工使用，其余作为仓库和布草间。

四是积极打造"一栋一品一主人"的新形态民宿。宿予区别于传统农家乐、度假村和小旅馆的经营模式，力求打造一栋一主题，包括烘焙、陶艺、纺织、稻香、彩绘等，特色鲜明。宿予鼓励民宿主人去学一门手艺，回巢工作，参与经营，工资不等，从房务3 000元/月，到管家5 500元/月，再到民宿主人8 500元/月。目前，有6户原房屋主人签订聘用合同，留在民宿工作。

五是相关部门在试点过程中给予充分支持。国家电网为47户民宿免费安装电表箱，并准备实现第一个全村电线落地。公安部门为连民村全村布防，保障民宿安全。消防部门为民宿的特殊需求，开了绿色通道，降低了房屋楼梯宽度标准等，这些都为特色民宿的发展提供了重要支撑。

3. 存在的主要问题

一是闲置宅基地底数不清，缺乏系统整理。初步摸查显示，连民村闲置房屋中，买商品房的居民有1/6，有意愿置换宅基地。也存在部分在住居民，由于经济原因，将在住的房屋租给宿予，选择自己出去租房住，从中获取租金差额收益。类似这样的有意愿租借农村宅基地的数量、分布等存量信息不清楚，闲置资源还未梳理清楚。

二是缺乏整体布局规划，发展环境仍待优化。目前，连民村现有盘活改建的农宅混杂在村居中，分布散，规模小，未形成整村盘活的形态。另外，新建农村宅基地受控。目前，连民村村民宅基地受控，没有土地指标，10户左右打宅基地报告不批，部分村民批了也没有地方造。究其原因，《上海市农村村民住房建设管理办法》（沪府令16号）、《关于切实改善本市生活居住条件和乡村风貌 进一步推进农民相对集中居住的若干意见》（沪府规〔2019〕21号）发布时，《上海市城市总体规划（2017—2035年）》、郊野单元规划、集建区规划等已经完成，在规划中较少考虑农民建房要求，且对盘活闲置房屋的现实需求考虑不足。

三是对特色产业扶持有限，发展后劲不足。前期宿予以高端民宿定位（图7-2），企业战略规划有意向以整村方式盘活浦东区闲置房屋发展高端民宿，但在发展过程中却频频受挫，导致企业逐步缩小布局规模，在定位上也开始下调,特色民宿产业发展明显后劲不足。发展过程中面临的主要困境有:一是资金投入远超预期。二是市场竞争混乱。三是受多方政策制约。尽管民宿建设中,消防、食药监局部门在政策上给予一定的支持,但仍存在诸如皮划艇项目因河道条件不达标准等问题,导致娱乐项目不能开展。且在协商过程中,以企业自主沟通为主,缺乏村镇等行政管理部门的参与,协商过程中对政策的解读以及问题解决都存在障碍。四是村民参与不够。租金作为闲置宅基地流转农民增收的手段固然立竿见影,但持续增长动力不足。

图 7-2 宿予民宿

案例二:赵桥村

1. 赵桥村基本情况

赵桥村位于浦东新区东南部,面积约为 3.6 平方千米,其中水道纵横,环境优美,是典型的江南农村。先后获得全国文明村、全国生态文化村、全国一村一品(水蜜桃)示范村、全国无邪教示范村、上海市美丽乡村示范村、上海市文明村、上海市"五好"党组织等荣誉称号。村民人均年收入约 2.6 万~2.7 万元,主导产业为种植大团水蜜桃,种植面积约 2 160 亩,亩产值约为 2 万元。赵桥村现有农户约 1 700 户,总人数约 4 751 人;常住户数约 1 796 户,人数约 5 000 人。宅基地总面积约 650 亩,房屋总数约 2 300 幢,房屋以砖混主,闲置房屋有 50~60 幢。

赵桥村由村集体统一组织盘活农民闲置房屋。现已有 20%~30%的农户出租闲置房屋,房屋平均月租金为 200~300 元/间。其中部分闲置房屋出租改建为旅游民宿,房屋租金为 300 元/间,每年增加 10%,租期为 20

年。浦东仅有4家民宿持证。赵桥村的"雨溪别院"（图7-3）负责人表示，民宿执照无法办理，也就无法宣传，只能做熟客生意，租下的这栋房子租金是300元/间，签了20年的租期，租金以每年10%递增。

图7-3 赵桥民宿

2. 存在的主要问题

一是闲置房屋散乱空闲，资源闲置浪费现象严重。大约有50~60户闲置房屋，分散在9个村民小组。闲置房屋缺乏有效的开发利用，多处于空置状态，浪费现象严重。而村民闲置房屋盘活意愿及方向受政策影响强烈。

二是减量化后，建设用地指标基本不能它用。多为老旧仓储用地，或年久废弃或火灾损坏，规土局等部门管控严格，这部分闲置厂房不能投入改建非公益项目，不但造成严重的资源浪费，村集体经济来源削减，老旧闲置厂房与周围的村居环境格格不入，影响村容村貌。该村规划盘活闲置建设用地作为风俗便民服务中心，但面临审批流程长（8个月）、缺乏有关政策协调组织机构等突出问题。

三是特色产业发展面临困境，影响闲置房屋市场流通。该村几乎家家户户都种植桃树，目前，该村桃产业面临鲜果不易保存、缺乏加工配套设施等问题，作为重要的农民收入来源，多数农户会采用自家房屋季节性加工作坊的方式，导致闲置房屋供应季节性受限，也严重影响该村特色产业链中民宿等业态的发展。

案例三：长达村

1. 长达村基本情况

长达村原为千年盐业重镇下沙盐场地，面积5.04平方千米，户籍人口3 800人，由35个自然村宅组成。保留着较好的江南水乡肌理，呈现南林北田、宅随浜就的村落布局，林地覆盖率达21%，153条河道呈鱼骨状辐射。具有较好的城乡互动融合发展基础，位于百万人口城镇圈板块，紧邻浦江、周康两个市级大型保障房居住社区，规划位于迪士尼市民农园片区。资源要素集中，具有较好的产业发展基础。全村82%村民实现镇保，土地流转率和规模化种植率高，为农民集中居住、现代农业规模化发展创造了良好条件。已初步形成有一定影响力的真一牌猕猴桃、金牌大米和长圣牌水蜜桃等地域品牌。

2016年创建为市级美丽乡村，先后获得市文明村、市农村社区建设试点示范村、市无违村、市民主法治村、市健康村、市卫生村、市平安示范小区等诸多荣誉。2018年启动乡村振兴示范村创建工作（图7-4）。长达村是航头镇农村宅基地租赁备案的试点村，2019年5月在司法所指导下基本摸清农村闲置宅基地存量情况。

图7-4 长达村史馆

2. 存在问题

一是闲置宅基地存量资源缺乏分类整理。依托全镇农村宅基地租赁备案试点村项目，在司法所指导下基本摸清农村闲置宅基地存量情况，但每处闲置房屋新旧（多为30年房龄）、房主流转意愿等具体情况不了解。

二是闲置房屋分布散乱，租赁市场低端无序，存在隐患。农户已全部转化为城镇居民，农户多进企业务工，大约有57户闲置房屋，共分布在23个村民小组，分布散乱，目前闲置房屋基本都处于自主租赁的无序化状态，基本全部租给660个外来人口（租金300～500元/间），缺乏有效的租赁市场管理，存在消防、环境、治安等多重隐患。

三是农业基础薄弱，缺乏特色产业支撑。农户已全部转化为城镇居民，农户多进企业务工，几乎无农业生产，民宿等新业态少，特色产业发展缓慢。

案例四：新丰村

1. 新丰村基本情况

新丰村毗邻外环，离张江科学城核心区也就五六千米的距离，村门口的孙桥一号公交线每20分钟一班发往张江地铁站，且农村闲置房屋资源较为丰富。新丰村在盘活部分农民闲置房屋方面作出了积极探索，以人才公寓等模式盘活农民闲置房，也缓解了科学城的住房需求，同时也为乡村振兴输入新鲜血液。

图7-5 以人才公寓等模式盘活闲置农房

上海微创医疗器械（集团）有限公司的几位年轻员工就入住新丰村的人才公寓。新丰村人才公寓性价比较高。以入住人陈威为例，之前他在康桥镇秀沿路租住，单间房月租金2 000多元，而新丰村人才公寓单间房月租金只要1 500元，公司对入住人还有租房补贴，陈威个人每月实际支付房费只需800元。陈威每天从公司坐班车只需20分钟到家。新丰村人才公寓居住条件不仅能满足年轻白领的需求，而且还有乡村新鲜的空气、安静的环境。

2. 存在问题

一是闲置房屋市场无序流动。面对市场人才住房需求缺口，新丰村村民闲置房屋出租意愿较强，但目前租赁市场处于无序化状态，二房东倒卖现象严重，且租客良莠不齐，存在一定的消防、环境卫生、治安问题等多重隐患。

二是闲置房屋老旧化，改建成本高（图7-6），投资回报慢。现有闲置宅基地为20世纪80年代末的老旧房，已经实施改造的这栋房屋翻建成本120万元，包括每年的租金是14万元，今后每隔两年，租金递增3%，阿姨保洁费用7万元/年；一栋16间，其中一间13平方米的房间，改造后的人才公寓单间的每月租金只要1 500元，一栋改造后的人才公寓大概需要12年才能收回成本。房子越大，投入成本越高，投资回报越慢。

图7-6 农房基础条件较差、改造成本高

三是闲置宅基地分布较为分散，配套基础设施弱，有待专业化管理。现有的闲置宅基地分布较为分散，由于人才公寓位置偏，坐落于村庄内，周边环境甚至还未实现三平一通，相应的配套基础设施薄弱。尽管与上海微创医疗器械（集团）有限公司实现改造投入运营，邻近一栋房屋正在改造中，但在未来，大量闲置房屋都改造，投入使用，在管理上还缺乏专业化和集约化的手段。

二、盘活农民闲置房屋模式的外省市经验启示

（一）共享农房模式

共享农房是指通过在不改变农村闲置房屋所有权的前提下，将农房的使用权进行出租转让，从而达到盘活闲置农房的目的。目前，全国范围内共享农房的经营模式有4种：农民自主经营模式、企业自主经营模式、农企合作经营模式、政企合作经营模式。农民自主经营模式的主体是当地农民，依靠的是自发的、零散的经营，农民拥有所有权与经营权，该模式地域特色强，发展规模小，配套设施不完善。企业自主经营模式的主体是企业，企业在该经营模式中起着至关重要的作用：企业租用，企业统一规划，企业拥有经营权。当地农民拥有闲置房屋的所有权。该模式地域特色不明显，但发展规模大且配套设施完善。农企合作经营模式的主体是当地农民和企业，其特点是：农民与企业按照合同约定股权比例；农民拥有所有权，企业拥有经营权；创新性弱，发展形式灵活，配套设施齐全。政企合作经营模式的主体是当地政府和企业，政府牵头企业合作，农民拥有所有权，政府与企业共同拥有经营权。该模式创新性强，有政策支持，发展规模大，配套设施完善。

共享农房的闲置房屋利用模式的要求主要有以下5点：第一，将使用权出租的闲置农房要有一定的质量保障。因为仅仅是使用权的转让而非重新建房，房屋使用权出让者或者转让者只进行简单装修而非大修，要求房屋能够立刻投入使用，故质量要求较高。第二，闲置农房附近需有信息较为对称的闲置房屋使用权转让的市场。让想要转让房屋使用权的使用者可以发布信息转让自己的房屋，同时想要租用他人房屋的消费者或者企业可以准确及时地了解房屋使用权出让的信息。第三，农企合作与企业自主经营的具体模式则要求农民有强烈的流转意愿，企业也有足够的意愿去经营闲置农房。第四，如果要实行政企合作的利用模式，则需有统一的规划和政策扶持。第五，要有较好的基础设施建设，这样不管是企业还是政府经营起来也更得心应手。

安徽省合肥市三十岗乡便试行了"共享农房"的闲置房屋利用模式。因为该乡地理位置优越，靠近省会城市，旅游业较发达。近年来，当地政府调查发现，村内40%的农房无人居住，处于完全闲置状态，近三成的农家宅院处于半闲置状态。针对这种情况，当地政府尝试与企业合作，以政企合作经营的模式共同打造农宅云平台，用大数据盘活农村闲置资源。同时，三十岗乡通过发展共享农房结合当地乡村民俗文化、人文历史资源，发展新型乡村民宿，不再拘泥于千篇一律的农家乐模式，提升了当地及周边地区的旅游品质；政府牵头推进项目进展，制定相应的管理措施，从源头上有效监管，减少和避免租赁纠纷。此外，结合乡村整体发展规划，三十岗乡重点选择了一批具有一定经营业态、风格特色的村庄作为首批共享房源，面向不同需求的群体定制化服务。例如，崔岗艺术村重点引入文艺界的房客；姚庙村"江淮民宿"主要推介给城市休闲养生群体；三十岗乡凭借丰富的旅游资源、创新的发展方式以及与时俱进的共享理念，很快成为周边市民节假日体验休闲农业旅游的首选。

虽然三十岗乡"共享农房"模式取得了一定成效，但在发展过程中仍存在一些不足。比如农房信息不能完全共享、部分规划不尽合理、农民积极性不高等，都是阻碍"共享农房"继续走下去的因素。因此，要想实现信息共享，就需要借助互联网平台，需要事先摸清闲置房屋数量、分布、权属等基本情况，建立数据库，利用新兴技术实现"现场数据化调研"，快捷发布信息。要进行合理的规划，根据成片空置农房与分散空置农房的不同区位、地段、交通条件、发展条件等情况，科学论证、统一规划、精准定位、协调发展。引导投资者对不同区位优势的闲置农房进行对应的投资。应完善配套激励政策，对社会资本、高校通过盘活空闲农房提供低成本创业场所，对市民"下乡"租赁空闲农房经营乡村旅游，对盘活空闲农房发展乡村旅游的农村集体经济组织、农户、投资主体等，及时兑现奖励政策。支持各地因地制宜制定新的扶持政策，调动各方积极性、创造性。

云南大理是农村宅基地制度改革试点，对"共享农房"的闲置房屋利用模式也进行了积极探索，主要采用制度安排、登记确权、农户申请、审批与备案、乡镇公共资源交易中心交易、合同签订、缴纳土地收益调节金、缴纳农房租金等8个步骤推进盘活流程①。一是制度安排。制定《大理市农村宅基地流转管理办法（试行）》，明确允许农户宅基地使用权可以租赁，宅基地使用权可随农房一并流转，规定农房可租赁区域范围以及收取土地收益调节金规则，划定租赁主体范围、明确租赁审批监管等制度。二是登记确权。制定《大理市加快推进农村房地一体不动产登记若干意见》，采取分级认定审查机制，开展全市宅基地与农房登记确权工作，完成房地一体产权调查，摸清农房家底。按照"一户一宅、一户多宅、未批先建"等不同标准进行区分。三是农户申请。有租赁意愿的农户向村集体提交申请，并在乡镇公共资源交易中心填写备案表，提供申请人户口本、身份证、不动产权属证书、租赁底价报价单及租赁年限。四是审批与备案。在农户申请之后、农房租赁之前，要通过"集体同意—村委会审批—乡镇政府备案"的程序。五是乡镇公共资源交易中心交易。租赁信息上乡镇公共资源交易中心平台，农房需求方可以在平台上竞拍，拍得后由交易中心出具确认书。六是合同签订。村集体核验需求方身份，通过后，对拟征收土地收益调节金的农房、征收面积及收费标准等信息进行公示，确认无误后，村集体下达书面通知给需求方，并与其签订征收土地收益调节金合同。需求方与农户签订农房使用权租赁合同，明确赋予其改造农房的权利。七是缴纳土地收益调节金。需求方在签订土地收益调节金合同后，根据合同约定金额缴纳土地收益调节金。八是缴纳农房租金。需求方按农房使用权租赁合同约定，向农户缴纳租金，获得农房一定期限的使用权。

江苏昆山则是探索了与扶贫相结合的"共享农房"模式。昆山淀山湖镇红星村地处镇工业区周边，"打工族"租房需求旺盛，因此，在红星村村集体的组织协调下，由镇资产经营公司作为担保，鼓励本地农村商业银行向低保户发放低息贷款，支持其建房。房屋建成后，低保户享有部分住房空间使用权，其余房间由第三方市场化经营，低保户获取稳定的租金收入用于还银行贷款。一般建房及简装费用约50万元，镇补贴低保户约8万元。建成的农房有10个房间，农户自住2间，其余8个房间的年租金收入5万元，9年内可还清贷款。贷款结清后，农房权利回归低保户。低保户可通过自主经营、委托出租、合作开发、入股经营等方式继续获取收益。

---

① 张竣青，2021."三权分置"视角下农房租赁模式研究[D]．武汉：华中师范大学．

（二）旅游民宿模式

民宿是利用自有住宅或闲置房屋，结合当地人文自然景观、生态环境资源及农业生产活动，以家庭副业经营方式为旅客提供的乡野生活住宿处所。民宿虽然是非酒店业的民间小微旅游服务实体，但它同样具有旅游业的各种要素和规范规定，有的甚至更具有个性化。旅游民宿具有助推农村产业发展、提高农民收入、推动农村文化繁荣、提升乡村治理水平等优点。

实施民宿的闲置房屋利用模式，第一，也是最重要的一点便是当地的人文自然景观。良好的景观使得当地民宿更有吸引力和竞争力。第二，民宿要求闲置房屋更具个性化，如果像普通酒店那样千篇一律则失去了利用价值。第三，需要有一个健全的管理机构颁布相应的开展民宿的条件及规范规定，既要保证顾客的切身体验，又要防止顾客与农户纠纷的发生。

在南方的一些欠发达但旅游资源丰富的乡村适合该利用模式。重庆东部、湖南西北角的鄂西南地区的农村闲置房屋利用模式便采用的"旅游民宿"形式。鄂西南民族地区主要包括恩施土家族苗族自治州和宜昌的长阳、五峰两个土家族自治县。该地区风景优美，旅游资源丰富，传统民俗多样，有发展"旅游民宿"的潜质。在旅游景区附近和城市周边出现了大量的农家乐，其中一些农家乐在某些方面基本符合现代民宿的概念，如利用自有空闲房间进行本土地域或民俗文化风格的装修，让游客和自己同吃同住，体验当地独特的民俗和传统文化。近年来，源源不断的中外游客开始光顾鄂西南地区，"旅游民俗"搞得风生水起，越来越多的顾客住在这里，体验着不同的文化风情。"旅游民宿"的发展，增加了当地农民的收入，使闲置房屋得到充分利用，当地文化与旅游资源也得到了充分挖掘，提升了乡村的治理水平。

与中国台湾、杭州等地的民宿相比，鄂西南民族地区的旅游民宿很多方面仍欠缺，主要表现在民宿主人的文化素质和艺术素养方面，服务还停留在低层次的吃农家菜、采摘农家果等。另外，鄂西南地区的基础设施还不够完善，尤其是道路交通相对闭塞；部分民宿游客破坏了当地的自然环境；目前政府尚无一个健全的管理机构来对乡村民宿进行统一的协调与管理；房屋及土地权属过于复杂。这些因素都严重阻碍了当地"旅游民宿"的进一步发展。故鄂西南地区应发展农业生产，在第一产业上有所作为；发展农产品加工业，在第二产业上有所作为；加强基础设施尤其是公共交通设施的建设；加强对游客的监管；当地政府应建立一个健全的管理机构，对散落在各村庄的民宿进行统一的规划与管理；当地政府部门还应做好"旅游民宿"的确权工作，以防纠纷的发生。

（三）土地复垦模式

农业农村部鼓励各地因地制宜支持闲置宅基地整治后利用城乡建设用地增减挂钩等方式进行盘活。闲置房屋拆除复垦是在农民自愿的前提下进行的，主要是对农村闲置的房屋及其周边的建设用地拆除后进行复垦，对土地使用者进行补偿，复垦后的土地无偿交由原土地使用者耕种和管理。土地复垦具有盘活农村土地资源、推进土地节约集约，适用范围广泛等优点，也是目前农村闲置房屋最常用的利用模式。

土地复垦是一项复杂的闲置房屋利用模式，这种利用模式实施的条件也较多。首先，因涉及闲置房屋拆除的问题，有闲置房屋的农民需有较大的意愿去实施；其次，要弄清楚闲置农房的真实情况和全部信息，这是一项较为繁琐的工作；再次，政府要有统一的规划，一旦决定了进行土地复垦就不能半途而废；最后，政府要有足够的预算。因为闲置房屋的拆迁需要一定的费用，新型社区的建设费用更是不菲，对失去土地的农民的补偿数额也不能过少，故该利用模式耗资巨大，需有足够的资金支持。

嘉兴市嘉善县姚庄镇于2008年以来认真贯彻落实中央和省市精神，积极开展"两分两换"试点和农房改造集聚，取得了显著成效。姚庄镇具体的做法主要是：通过调查表、上门核查、座谈会的形式弄清楚农户的数量、户均合法户型建筑面积、户均生产性服务用房面积以及农民置换且集聚居住到新社区的意愿，并根据需求设计了合适的户型及配套设施；修编了《姚庄镇域总体规划》和《姚庄镇土地利用总体规划》，对镇域进行合理规划；在坚持农民自愿置换原则的基础上形成了《姚庄镇农村住房置换城镇房产实施办法（试行）》；成立了姚庄新市镇投资开发有限公司对镇域进行统筹开发；对已建成的社区采取"政府主导 + 社区自治"相结合的管理模式。通过对集聚农户原有宅基地复垦和附属土地整理，姚庄镇盘活土地688亩。姚庄镇土地复垦的成功之处还体现在：自愿至上，受到了全镇广大农民欢迎；复垦到位，提高了土地综合利用水平；改革户籍，提升了居民管理服务水平；各方认可，形成了"可学可推"工作模式。姚庄镇取得的显著成效也为全国农村闲置房屋的有效利用提供了新的思路与方法。

当然，姚庄镇在施行土地复垦的过程中，也遇到了很多难点：摸清农村闲置房屋的实际情况，如分布和数量等，这项工作较为繁杂且付出成本较大；政府通过相关政策鼓励农户置换房屋，搬迁到政府统一规划的居住区，这一置换工作由于要尊重大部分农民的意愿而变得效率低下，甚至部分农民与政府的矛盾到了无法调和的地步；在平衡投入产出方面做得有些欠缺，置换成本过高而受益偏小。针对以上难点，政府应该在农村闲置房屋的调查、尊重农民置换意愿、平衡投入产出方面多做工作。

（四）乡村休闲养老模式

乡村休闲养老是一种候鸟型、旅游休闲型相结合的农家寄养式异地养老模式，其代表有德国慕尼黑绿丝带项目、北京怀柔区田仙峪村乡村休闲养老社区、江西武宁县南屏村生态养生村庄、崇明岛农家养老和浙江天目山农家养老项目。其实施的模式主要有：慕尼黑模式、政府主导模式、"农户+合作社+企业"模式、联众模式等。在慕尼黑模式中，农民是实施主体，地方政府部门提供规划咨询、导向型资助补贴以及各种培训服务；在政府主导模式中，政府是实施主体，由政府根据当地实际情况，制定相应的开发对策指导开发闲置农房；"农户+合作社+企业"模式是基于农村房屋三权分离的原则，将闲置房屋流转到专业合作社，专业合作社与社会资本开展合作，建设乡村休闲养老社区，农户成为社员后取得房屋租金收入并参与收益分配；联众模式是由公司直接与村委会签订整体合作协议，对整个村庄进行统一经营，将农户房屋的2~4层租让给公司。同时，该农户成为公司的正式员工，经营农家乐。乡村休闲养老主要有实现城乡资源互补、带动产业发展等优点。

实施乡村休闲养老的闲置土地利用模式所要求的条件也较多。第一，应明确农村宅基地及其地上构筑物的权属，即明确房屋的开发使用权，杜绝利益纠纷的产生。第二，需明确各方职责。在对闲置农房的开发管理中，政府、企业、个人应当事先明确各自的权利和义务，在实际运行中各个主体既要确保自身职责的实现，同时要避免出现相互干预的现象。第三，要明确相关政策措施。养老产业作为新兴产业，而且迫于近年来养老问题的加剧，出台了相关养老方面用地的政策法规，但在相关产业用地（如农调用地等）政策的支持、农宅改造的政策扶持等方面还不明朗，需要政府相关部门加大沟通协调力度，出台相关的正式文件或规章制度。第四，需有专业的服务队伍。利用农民闲置用房发展养老产业作为一个新尝试，没有标准可循，需要专业的机构或企业加强对农户、合作社的培训，包括技术、素质、营销及接待礼仪等方面，建立起一支具备良好业务和服务素质的队伍。第五，还应具备相应的自然、经济基础。乡村休闲养老需要生态环境好的乡村，如天然氧吧、避暑胜地等农村，可着重发展养生养老产业。第六，乡村养老需要开发地拥有较好的经济基础，能够为发展旅游业和其他相关衍生产业提供基础；需要较好的交通、卫生、休闲等基础服务设施。

北京市怀柔区渤海镇田仙峪村的全市首个农村休闲养老试点社区国奥乡居正式启用。田仙峪休闲养老社区项目是本市农村和新型城镇化改革的重点任务，由政府主导、国奥集团参与建设和运营。2021年8月，田仙峪休闲养老社区项目正式启动。试点工作采取农村闲置房屋所有权、使用权、经营权"三权分离"的原则，"农户 + 合作社 + 企业"的经营模式，建立起了"农民所有、合作社使用、企业经营、政府管理服务"四位一体的运行机制。作为投资和经营的企业，国奥集团投入资金改造房屋，建设公共配套设施，完善生活服务体系，组织农事活动，丰富老年人文化休闲生活，建立客户准入和退出机制，吸纳本村村民就业。区、镇政府通过招商引资工作，引入有实力、有信誉的优质社会资本和专业管理团队，集成各项扶持政策，对试点村在基础设施建设、公共服务配套、简化审批手续等方面给予支持，同时监督合作社对社员进行分红，维护农民权益。经过半年建设，30套闲置老旧农宅融入乡愁元素，被打造成了"老学者""老将军""老中医""老影迷"等特色鲜明的主题院落，非常适合老年人居住；配套设施更加齐全，为老人提供了便利；服务全面到位，只要办理手续即可享受全面、优质的养老服务；环境更加优美，老人生活更加舒适。与此同时，实施乡村养老模式后，也大大增加了农民及村集体的收入。流转30套闲置农宅为村民带来了1 700万元的收入，闲置的村委会办公楼建设成为综合服务中心，也使村集体获得了155万元的收益。最后，在增加当地农民收入的同时，还带动了附近村民的就业。目前，该村已有19名村民在社区从事保洁、餐饮等服务工作，可获得每月2 500~4 000元的工资。

田仙峪村休闲养老试点社区实施过程中遇到的难点主要有：基础设施并不完善，卫生条件差于城市；医疗条件尚未得到保障，医疗保险异地使用问题没得到彻底解决。因而，当地政府应着手整治自然环境、提高生活条件，保障医疗条件，尽早实现医疗保险的异地使用。

三、浦东新区盘活农民闲置房屋意愿分析——基于村民层面

在乡村振兴的时代背景下，合理有效地盘活农民闲置房屋能够作为内生动力推动农村经济更好发展。盘活农民闲置房屋的首要落脚点是在农村拥有房屋的农村居民，其关于闲置房屋出租的意愿是重中之重。了解农村居民的真实想法，探索影响其盘活意愿的内在影响因素，对于在尊重农村居民意愿前提下，有效盘活农民闲置房屋具有重要意义。

（一）数据来源

2019年5—6月，我们与相关部门一起组建了联合调查小组，采用PPS抽样方法，针对浦东新区22个镇（高行和南汇新城镇已没有行政村）的363个行政村进行分层抽样调查，抽取了共计100个村的1 492户住户作为调查对象，回收了1 300份问卷，剔除无效样本，最终获得有效问卷1 118份，问卷有效率为86%。

（二）理论框架构建

出租房屋的意愿即为行为态度，行为态度是人们对于特定社会行为所抱有的关乎正面或负面的感觉，态度及其组成内容被认为是个体对行为结果显著信念的函数。该表述来自Ajzen（1988，1991）和Fishbein（1975，1980）一起提出的计划行为理论（Theory of Planned Behavior，TPB）。该理论包括态度、主观规范、知觉行为控制、行为意向和行为五大要素，其中诸如年龄、性别、教育程度等个人特征以行为信念为介质对行为态度、主观规范和知觉行为控制产生影响，最终作用于行为意向和行为。因此，在追溯农村居民出租房屋行为态度的影响机理时就应当考虑到农村居民的个体特征。

农村居民作为社会理性单位，具有普遍的"趋利避害"的特点，加之农村居民普遍经济条件差，这种追求利益最大化的特点就尤为明显。该表述引申于农户经济行为理论中的"理性小农学派"，该理论的主要代表人物是西奥多·舒尔茨。因此，要考虑农村居民出租房屋的意愿就一定要考虑其经济特征和追求利益的特征。

阿索兰的地租模型是在地租区位理论中最杰出的代表，他将地租理论

和区位论相融合，在其地租公式中明确表示距中心地距离是影响收入的重要因子。上海市当前发展的地域结构仍然呈同心圆形式，因此对于上海市农村房屋出租的区位影响仍然可以归纳为距离市中心的直线距离。

综上所述，构建影响上海农村居民出租房屋意愿的整体理论框架，如图 7-7 所示。

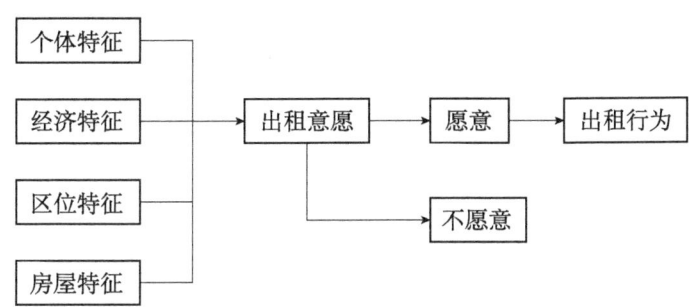

图 7-7 农村居民出租意愿影响因素的作用机理

基于上述理论分析，在测量指标的选择时主要从 4 个方面进行选取。在个体特征方面，选择性别、年龄、学历、户籍性质和社保性质进行衡量；在经济特征方面，选择个体月收入、拥有商品房数量和拥有汽车数量进行衡量；在区位特征方面，主要将调查区域分为北片和南片两部分，划分标准是 2009 年浦东新区与原南汇区合并之前的区划，这样的划分既能充分反映南北片与市区交通距离的远近，同时也便于后期问卷数据的汇总；在房屋特征方面，选择宅基地数量、房龄、房屋建筑面积、闲置面积和房屋结构进行衡量。

（三）描述性统计分析

从年龄来看，拥有农村住房的普遍集中在 50~70 岁年龄段；从性别来看，男性占到 80% 以上；从教育背景来看，以接受过初中教育程度为主；在户口性质和社保类别上，样本分布较为均衡；从经济状况来看，个人月收入普遍低于 5 000 元，多数人没有商品房，拥有汽车数多以 1 辆为主，宅基地一般是只有一处；从房屋状况来看，房龄大多为 40 年以下，建筑面积集中在 100~300 平方米，闲置面积不足 100 平方米的占 90% 以上，房屋构造普遍是砖混；从区位来看样本均衡覆盖了浦东新区北片地区和南片地区（原南汇地区）；从最终出租意愿来看，超过一半的问卷选择愿意出租。

（四）回归模型分析

针对愿意与否的行为态度，选取二分类的 Logistic 回归模型进行分析，该模型在因变量为非连续型分类变量的情况下具有很高的回归稳定。设因变量为 y，自变量为 x。要研究样本变量的变化对农村居民出租房屋意愿的影响，需要求证意愿发生的概率问题，用 P 表示 $y=1$ 的概率，即 Logit P $= \ln [p/(1-p)]$。其表达公式如下：

$$y = \ln\left(\frac{P_i}{1-P_i}\right) = \alpha + \sum_{i=1}^{m}\beta_i x_i \ (i=1,2,\cdots,m) \qquad ①$$

公式①中，α 为常数项，m 为自变量 x 的个数，β_i 为第 i 个解释变量的回归系数，表示自变量对出租意愿影响的方向和程度。接下来，对模型中的变量进行赋值，具体情况见表 7-1。

表 7-1　变量定义

变量类型	变量名称	变量赋值	取值范围	预期假设
因变量	是否愿意出租 Y	否=0，是=1	0~1	
	性别 X1	男=1，女=2	1~2	-
	年龄 X2	实际数值	?	-
	学历 X3	未上过学=1，小学=2，初中=3，高中或中专=4，大专及以上=5	1~3	+
	户籍性质 X4	农户=1，非农户=2	1~2	+
	社会保障性质 X5	城保=1，农保=2，镇保=3	1~3	-
	个人月收入（千元）X6	实际数值	?	-
	拥有商品房数量 X7	实际数值	?	+
	拥有汽车数量 X8	实际数值	?	+
	宅基地数量 X9	实际数值	?	+
	房龄 X10	实际数值	?	-
	房屋建筑面积 X11	实际数值	?	+
	闲置面积 X12	实际数值	?	+
	房屋结构 X13	钢筋混凝土=1，砖混、砖石木=2，竹草土坯=3	1~3	+
	区位 X14	浦东北片=0，南片=1	0~1	-

在进行二元 Logistic 回归之前,对样本进行相关的假设检验。检验和模型回归所用的软件均是 SPSS 20.0 版本。

首先,样本量远远满足 Logistic 所需的样本量。其次,通过容忍度(Tolerance)和方差膨胀因子(Variance Inflation Factor,VIF)来诊断自变量之间是否存在多重共线性,最终结果均未出现自变量容忍度小于 0.1 和 VIF 大于 10 的情况。最后,对离群点、杠杆点和强影响点进行异常分析检验,以观测学生化残差(Studentized Residual Error)大于 2 倍标准差(Standard Deviation)为门槛,结果在列表中发现第 106 和第 123 份样本的学生化残差分别为 2.909 和 2.958 并且超过合理标准,根据具体的数据情况决定不删除该观测样本,因此在纳入分析的观测中有两项学生化残差超过标准值。

以二元 Logistic 为模型,采用向后 LR 逐步回归的方法,并将自变量中属于无序多分类变量的性别、户籍性质、社保性质、房屋结构和区位镇设为哑变量(Dummy Variables),且全部以分类的第一项为参照。经过 9 次迭代拟合后,得到结果(表 7-2)。

表 7-2 方程中的变量

步骤	变量	B	S.E.	Wals	df	Sig.	Exp(B)
步骤	X4 户籍性质(1)	0.264	0.129	4.153	1	0.042	1.302
	X6 月收入	-0.09	0.042	4.576	1	0.032	0.914
	X7 拥有商品房数量	0.225	0.111	4.101	1	0.043	1.252
	X10 房龄	0.015	0.008	3.796	1	0.051	1.015
	X12 闲置面积	0.012	0.003	16.993	1	0.000	1.012
	X14 区位镇(1)	0.776	0.128	36.925	1	0.000	2.173
	常量	-0.559	0.285	3.846	1	0.05	0.572

注:"X4 户籍性质(1)"和"X14 区位镇(1)"代表哑变量的指定参照为第一项(First)。

在其结果中,模型系数综合检验(Omnibus Tests of Model Coefficients)的 $P=0.000$,达到显著;Cox & Snell R Square 和 Nagelkerke R Square 在 Logistic 回归中意义不大(与线性回归中的不同),因此不做表述;拟合优度检验(Hosmer and Lemeshow test)的 P 值 $=0.276>0.05$,说明该模型拟合良好;模型预测(Predicted)的准确率为 61.8%,表现良好。

从方程中的变量来看，经过9次迭代，X4户籍性质（1）、X6月收入、X7拥有商品房数量、X12闲置面积和X14区位镇（1）均为显著，X10房龄的 P 值为0.051，接近95%置信水平，可认为是边际显著。由此，得出以下分析结果：①非农业户口的农村居民愿意出租房屋是农业户口的农村居民愿意出租房屋的1.302倍。②位于浦东新区南片的农村居民愿意出租房屋是位于浦东新区北片农村居民愿意出租房屋的2.173倍。③个人收入每增加1000元，出租房屋的愿意减少8.6%。④拥有商品房数量每增加1套，出租房屋的意愿增加25.2%。⑤房龄每增加1年，出租房屋的意愿增加1.5%。⑥闲置面积每增加1平方米，出租房屋的意愿增加1.2%。

对农民出租房屋意愿的做了进一步分析，得出主要结论如下：一是非农业户口的农村居民出租房屋的意愿略高于农业户口的农村居民的意愿。二是位于浦东新区南片的农村居民出租房屋的意愿远高于北片农村居民。三是随着农村居民个人可支配收入的增加，出租房屋的意愿随之减少。四是农村居民拥有商品房数量越多，其房屋出租的意愿随之增加。五是房龄越大，农村居民出租房屋的意愿越强。六是闲置面积越多，出租房屋的意愿也越强。

四、浦东新区进一步盘活农民闲置房屋的对策建议

（一）加快推进盘活农民闲置房屋工作

盘活农民闲置房屋是一项复杂的系统工程，离不开政府的重视和支持。作为浦东新区的相关政府部门，要根据中央一号文件精神，以习近平新时代中国特色社会主义思想为指导，全面贯彻党的十九大和十九届二中、三中全会精神，加快推进盘活农民闲置房屋工作。在已有探索的基础上，及时总结可复制推广的经验。同时，充分利用上海的区位、资金、环境整治基础好的优势，借鉴外省市相关经验，结合区位特征稳步扩大试点范围。

（二）因地制宜选取盘活模式

在全区层面推进盘活农民闲置房屋工作时，应充分借鉴已有盘活农民闲置房屋模式的经验，因地制宜选取盘活模式。比如，对于基础设施建设

较好的村，村民闲置房屋质量较高且村民有强烈盘活闲置房屋意愿的，可以优先选择"共享农房"模式，可以借鉴安徽三十岗乡的经验，以政企合作经营的模式，共同打造农宅云平台，用大数据盘活闲置资源，特别是结合当地乡村民俗文化、人文历史资源，充分挖掘特色，面向不同需求的群体提供定制化服务。又如，对于以发展农业产业为主、区位相对偏远但有特色旅游资源的村，村民有强烈盘活闲置房屋意愿的，可以优先选择"旅游民宿"模式，村民以家庭副业经营方式为游客提供住所。再如，对闲置房屋比重较大的村，可以选择"土地复垦"模式。对具备较好生态环境和公共服务设施的村，可以选择"乡村休闲养老"模式盘活闲置房屋。在医疗资源条件较好、交通便利的区域，如六院浦东分院周边，可重点打造与养老产业相结合的闲置房屋盘活模式。

（三）有针对性地引导农村居民群体出租闲置房屋

盘活闲置房屋必须坚持"以人民为中心"的发展理念，坚持农民主体地位，在充分尊重农民意愿的前提下，始终把维护农民群众根本利益、促进农民共同富裕作为出发点和落脚点，完善农民参与和引导机制，充分激发农民的内生动力。研究表明，经济特征和房屋特征等外部性因素对农村居民出租房屋的意愿影响较大。因此，决定村民是否愿意出租房屋的关键条件是：是否有合适的存量房屋？是否在乎出租回报？回答第一个问题并不难，因为在深入走访时发现，村民不愿意出租的一个重要原因就是"家里没房"，受到上海市高房价和土地有限的双重影响，许多村民面临市区买不起房以及宅基地难以批建与家庭人口增多的矛盾。而要回答第二个问题，通过调查发现，收入与房屋出租意愿成负相关关系。在上海，有一部分人是不在乎出租回报的，他们更多的是要保留这一份来自农村的宁静，或是为将来养老做准备。因此，针对外部性因素影响突出的特点，在盘活上海农村闲置房屋的政策中，可以有针对性地引导同时具备拥有合适存量房和收入临界点以下的农村居民群体出租闲置房屋。

（四）结合区位特征针对性地推进闲置房屋盘活政策

位于浦东新区北片的村民与南片村民相比更愿意出租，主要基于两点。一是市场需求，浦东北片距离市中心距离较近，因此经济发展起步早，受到二者的影响，不少根据工作单位就近租房的年轻人是租房市场的需求主体。二是社会环境，浦东南片地区发展较为滞后，这里还保留了原始江南水乡的农耕文化，村民思想更为传统保守，因此也就造就了独立的社会环境，从而影响到了南片居民的认知和出租意愿。因此，在具体推进盘活农村闲置房屋政策时要考虑不同地区的优劣势。针对北片地区，由于租房历史相对久远，因此需要在市场规范、法律完善方面加以宏观把控，保证租房市场的健康有序发展。而针对南片地区，应当着手对可利用房屋的实际存量进行摸底，对当地村民应当加强政策的宣传和引导。进一步放开民宿审批通道，加大对基础设施方面的政策支持力度。

（五）积极打造浦东品牌的具有社会责任感闲置房屋经营主体

房龄与村民出租房屋的意愿呈正相关关系，即越老越旧的农房，出租的概率越大。可是这与常理相悖，一般认为房屋越新，代表着有更好的出租收益，会带来更高的出租意愿。但是调研组在进行实地访谈中发现，多数村民正是因为新房子或是刚翻修的房子，才不愿意出租的，他们认为出租可能会损坏自己房子。但是，未来的闲置房屋市场不应该全部都是旧房破房。因此，一批具有社会责任感的新兴房屋经营主体就显得十分重要了。首先，与村民个体的市场行为相比，专业的经营主体在运营投入、管理成本上优势明显，且能给予房屋长期的维护和保养。其次，规模化的房屋租赁具有投资高、回报周期长的特点。按整栋房子来说，从租进到盈利要经历租入、改造、装修等过程，动辄上百万的投入，而要想转亏为盈最少要5~10年，这也就是为什么现有闲置房屋运营主体与农村居民签订的租用合同最少要15年以上。最后，村民在出租房屋时仍然会考虑到年限过长、收益保障等诸多现实问题，因此积极培育一批成熟的、具有高度社会责任感的经营主体就显得十分重要，他们能够承担回报周期长的行业特点，能够保证长效的发展，能够遵守法律的约束和社会的监督。

（六）构建民宿及闲置用房的大数据应用场景

在司法所、统计局调查队等部门已有闲置房屋资源调查工作的基础上，通过用水量及用电量等的数据对接，结合农村宅基地制度创新、危房改造及违建清理等工作进行摸底排查，全面摸清家底，即闲置房屋的建造时间、面积、类型、质量、功能、周边环境等，同时，进一步有针对性地对闲置房屋屋主的盘活意愿进行深入调研，并对这些信息进行登记、分类管理，建立闲置用房"一户一档"数据资源库，构建民宿及闲置用房的大数据应用场景，为后续资源的有效盘活奠定坚实基础。

（七）科学规划布局，完善乡村设施环境

将民宿规划紧密融入乡村振兴规划，在充分尊重村民意愿的前提下，结合美丽乡村及新农村建设，科学规划、综合整治，充分发挥规划的目标引领和规范指导作用，着力营造交通便利、设施完善、生态优美的宜居环境。立足本地的经济状况、资源特色和产业特点，将盘活利用闲置农房与推进关联产业发展有机结合，形成持续的经济带动效应。

（八）加大特色产业扶持力度，着力打造亮点品牌

结合当地资源特色和产业优势，在农村闲置房屋开发利用过程中注重推动关联产业发展，着力打造亮点品牌，不断扩大关联产业的影响力和美誉度，进而形成外来消费者流量稳定、当地居民收入增加和闲置房屋利用效益提升的良性状态。

附录 相关政策文件

中央农村工作领导小组办公室 农业农村部
关于进一步加强农村宅基地管理的通知

中农发〔2019〕11号

各省、自治区、直辖市和新疆生产建设兵团党委农办，农业农村（农牧）厅（局、委）：

宅基地是保障农民安居乐业和农村社会稳定的重要基础。加强宅基地管理，对于保护农民权益、推进美丽乡村建设和实施乡村振兴战略具有十分重要的意义。由于多方面原因，当前农村宅基地管理比较薄弱，一些地方存在超标准占用宅基地、违法违规买卖宅基地、侵占耕地建设住宅等问题，损害农民合法权益的现象时有发生。按照本轮机构改革和新修订的土地管理法规定，农业农村部门负责宅基地改革和管理有关工作，为切实加强农村宅基地管理，现就有关要求通知如下。

一、切实履行部门职责

农村宅基地管理和改革是党和国家赋予农业农村部门的重要职责，具体承担指导宅基地分配、使用、流转、纠纷仲裁管理和宅基地合理布局、用地标准、违法用地查处，指导闲置宅基地和闲置农房利用等工作。各级农业农村部门要充分认识加强宅基地管理工作的重要意义，在党委政府的统一领导下，主动担当，做好工作衔接，健全机构队伍，落实保障条件，系统谋划工作，创新方式方法，全面履职尽责，保持工作的连续性、稳定性，防止出现弱化宅基地管理的情况。要主动加强与自然资源、住房城乡建设等部门的沟通协调，落实宅基地用地指标，建立国土空间规划、村庄规划、宅基地确权登记颁证、农房建设等资源信息共享机制，做好宅基地审批管理与农房建设、不动产登记等工作的有序衔接。

二、依法落实基层政府属地责任

建立部省指导、市县主导、乡镇主责、村级主体的宅基地管理机制。宅基地管理工作的重心在基层，县乡政府承担属地责任，农业农村部门负责行业管理，具体工作由农村经营管理部门承担。随着农村改革发展的不断深入，基层农村经营管理部门的任务越来越重，不仅承担农村土地承包管理、新型农业经营主体培育、集体经济发展和资产财务管理等常规工作，还肩负着农村土地制度、集体产权制度和经营制度的改革创新等重要职责，本轮机构改革后，又增加了宅基地管理、乡村治理等重要任务。但是，当前基层农村经营管理体系不健全、队伍不稳定、力量不匹配、保障不到位等问题十分突出。这支队伍有没有、强不强直接决定着农村改革能否落实落地和农民合法权益能否得到切实维护。县乡政府要强化组织领导，切实加强基层农村经营管理体系的建设，加大支持力度，充实力量，落实经费，改善条件，确保工作有人干、责任有人负。

按照新修订的土地管理法规定，农村村民住宅用地由乡镇政府审核批准。乡镇政府要因地制宜探索建立宅基地统一管理机制，依托基层农村经营管理部门，统筹协调相关部门宅基地用地审查、乡村建设规划许可、农房建设监管等职责，推行一个窗口对外受理、多部门内部联动运行，建立宅基地和农房乡镇联审联办制度，为农民群众提供便捷高效的服务。要加强对宅基地申请、审批、使用的全程监管，落实宅基地申请审查到场、批准后丈量批放到场、住宅建成后核查到场等"三到场"要求。要开展农村宅基地动态巡查，及时发现和处置涉及宅基地的各类违法行为，防止产生新的违法违规占地现象。要指导村级组织完善宅基地民主管理程序，探索设立村级宅基地协管员。

三、严格落实"一户一宅"规定

宅基地是农村村民用于建造住宅及其附属设施的集体建设用地，包括住房、附属用房和庭院等用地。农村村民一户只能拥有一处宅基地，面积不得超过本省、自治区、直辖市规定的标准。农村村民应严格按照批准面积和建房标准建设住宅，禁止未批先建、超面积占用宅基地。经批准易地建造住宅的，应严格按照"建新拆旧"要求，将原宅基地交还村集体。农村村民出卖、出租、赠与住宅后，再申请宅基地的，不予批准。对历史形成的宅基地面积超标和"一户多宅"等问题，要按照有关政策规定分类进行认定和处置。人均土地少、不能保障一户拥有一处宅基地的地区，县级人民政府在充分尊重农民意愿的基础上，可以采取措施，按照省、自治区、直辖市规定的标准保障农村村民实现户有所居。

四、鼓励节约集约利用宅基地

严格落实土地用途管制，农村村民建住宅应当符合乡（镇）土地利用总体规划、村庄规划。合理安排宅基地用地，严格控制新增宅基地占用农用地，不得占用永久基本农田；涉及占用农用地的，应当依法先行办理农用地转用手续。城镇建设用地规模范围外的村庄，要通过优先安排新增建设用地计划指标、村庄整治、废旧宅基地腾退等多种方式，增加宅基地空间，满足符合宅基地分配条件农户的建房需求。城镇建设用地规模范围内，可以通过建设农民公寓、农民住宅小区等方式，满足农民居住需要。

五、鼓励盘活利用闲置宅基地和闲置住宅

鼓励村集体和农民盘活利用闲置宅基地和闲置住宅，通过自主经营、合作经营、委托经营等方式，依法依规发展农家乐、民宿、乡村旅游等。城镇居民、工商资本等租赁农房居住或开展经营的，要严格遵守合同法的规定，租赁合同的期限不得超过二十年。合同到期后，双方可以另行约定。在尊重农民意愿并符合规划的前提下，鼓励村集体积极稳妥开展闲置宅基地整治，整治出的土地优先用于满足农民新增宅基地需求、村庄建设和乡村产业发展。闲置宅基地盘活利用产生的土地增值收益要全部用于农业农村。在征得宅基地所有权人同意的前提下，鼓励农村村民在本集体经济组织内部向符合宅基地申请条件的农户转让宅基地。各地可探索通过制定宅基地转让示范合同等方式，引导规范转让行为。转让合同生效后，应及时办理宅基地使用权变更手续。对进城落户的农村村民，各地可以多渠道筹集资金，探索通过多种方式鼓励其自愿有偿退出宅基地。

六、依法保护农民合法权益

要充分保障宅基地农户资格权和农民房屋财产权。不得以各种名义违背农民意愿强制流转宅基地和强迫农民"上楼"，不得违法收回农户合法取得的宅基地，不得以退出宅基地作为农民进城落户的条件。严格控制整村撤并，规范实施程序，加强监督管理。宅基地是农村村民的基本居住保障，严禁城镇居民到农村购买宅基地，严禁下乡利用农村宅基地建设别墅大院和私人会馆。严禁借流转之名违法违规圈占、买卖宅基地。

七、做好宅基地基础工作

各级农业农村部门要结合国土调查、宅基地使用权确权登记颁证等工作，推动建立农村宅基地统计调查制度，组织开展宅基地和农房利用现状调查，全面摸清宅基地规模、布局和利用情况。逐步建立宅基地基础信息数据库和管理信息系统，推进宅基地申请、审批、流转、退出、违法用地查处等的信息化管理。要加强调查研究，及时研究解决宅基地管理和改革过程中出现的新情况新问题，注意总结基层和农民群众创造的好经验好做法，落实新修订的土地管理法规定，及时修订完善各地宅基地管理办法。要加强组织领导，强化自身建设，加大法律政策培训力度，以工作促体系建队伍，切实做好宅基地管理工作。

农业农村部关于积极稳妥开展农村闲置宅基地和闲置住宅盘活利用工作的通知

各省、自治区、直辖市、计划单列市农业农村（农牧）厅（局、委），新疆生产建设兵团农业农村局：

农村宅基地和住宅是农民的基本生活资料和重要财产，也是农村发展的重要资源。近年来，随着城镇化快速推进，农业转移人口数量不断增加，农村宅基地和住宅闲置浪费问题日益突出。积极稳妥开展农村闲置宅基地和闲置住宅盘活利用工作，对于增加农民收入、促进城乡融合发展和推动乡村振兴具有重要意义。为确保此项工作有序实施、落到实处、惠及农民，现就有关要求通知如下。

一、总体要求

积极稳妥开展农村闲置宅基地和闲置住宅盘活利用工作，要以习近平新时代中国特色社会主义思想为指导，全面贯彻党的十九大和十九届二中、三中全会精神，以提高农村土地资源利用效率、增加农民收入为目标，在依法维护农民宅基地合法权益和严格规范宅基地管理的基础上，探索盘活利用农村闲置宅基地和闲置住宅的有效途径和政策措施，为激发乡村发展活力、促进乡村振兴提供有力支撑。

积极稳妥开展农村闲置宅基地和闲置住宅盘活利用工作，要突出服务乡村振兴。紧紧围绕实施乡村振兴战略，着眼乡村产业发展需求，推动美丽乡村建设。要守住盘活利用底线。严守土地公有制性质不改变、耕地红线不突破、农民利益不受损的底线，符合国家和地方关于宅基地管理、国土空间规划、用途管制、市场监管和传统村落保护等法律法规和政策。要坚持农民主体地位。充分尊重农民意愿，调动农民参与的积极性和主动性，切实保护农民合法权益，千方百计增加农民收入。要注重规划先行要求。与村庄规划相衔接，与乡村产业发展规划相匹配，遵守安全消防规定，符合环保卫生要求，注重绿色发展。要发挥基层首创精神。支持地方大胆创新、积极探索，不搞"一刀切"，不得强迫命令。

二、重点工作

（一）因地制宜选择盘活利用模式。各地要统筹考虑区位条件、资源禀赋、环境容量、产业基础和历史文化传承，选择适合本地实际的农村闲置宅基地和闲置住宅盘活利用模式。鼓励利用闲置住宅发展符合乡村特点的休闲农业、乡村旅游、餐饮民宿、文化体验、创意办公、电子商务等新产业新业态，以及农产品冷链、初加工、仓储等一二三产业融合发展项目。支持采取整理、复垦、复绿等方式，开展农村闲置宅基地整治，依法依规利用城乡建设用地增减挂钩、集体经营性建设用地入市等政策，为农民建房、乡村建设和产业发展等提供土地等要素保障。

（二）支持培育盘活利用主体。在充分保障农民宅基地合法权益的前提下，支持农村集体经济组织及其成员采取自营、出租、入股、合作等多种方式盘活利用农村闲置宅基地和闲置住宅。鼓励有一定经济实力的农村集体经济组织对闲置宅基地和闲置住宅进行统一盘活利用。支持返乡人员依托自有和闲置住宅发展适合的乡村产业项目。引导有实力、有意愿、有责任的企业有序参与盘活利用工作。依法保护各类主体的合法权益，推动形成多方参与、合作共赢的良好局面。

（三）鼓励创新盘活利用机制。支持各地统筹安排相关资金，用于农村闲置宅基地和闲置住宅盘活利用奖励、补助等。条件成熟时，研究发行地方政府专项债券支持农村闲置宅基地和闲置住宅盘活利用项目。推动金融信贷产品和服务创新，为农村闲置宅基地和闲置住宅盘活利用提供支持。结合乡村旅游大会、农业嘉年华、农博会等活动，向社会推介农村闲置宅基地和闲置住宅资源。

（四）稳妥推进盘活利用示范。各地要结合实际，选择一批地方党委政府重视、农村集体经济组织健全、农村宅基地管理规范、乡村产业发展有基础、农民群众积极性高的地区，有序开展农村闲置宅基地和闲置住宅盘活利用试点示范。突出乡村产业特色，整合资源创建一批民宿（农家乐）集中村、乡村旅游目的地、家庭工场、手工作坊等盘活利用样板。总结一批可复制、可推广的经验模式，探索一套规范、高效的运行机制和管理制度，以点带面、逐步推开。

（五）依法规范盘活利用行为。各地要进一步加强宅基地管理，对利用方式、经营产业、租赁期限、流转对象等进行规范，防止侵占耕地、大拆大建、违规开发，确保盘活利用的农村闲置宅基地和闲置住宅依法取得、权属清晰。要坚决守住法律和政策底线，不得违法违规买卖或变相买卖宅基地，严格禁止下乡利用农村宅基地建设别墅大院和私人会馆。要切实维护农民权益，不得以各种名义违背农民意愿强制流转宅基地和强迫农民"上楼"，不得违法收回农户合法取得的宅基地，不得以退出宅基地作为农民进城落户的条件。对利用闲置住宅发展民宿等项目，要按照2018年中央一号文件要求，尽快研究和推动出台消防、特种行业经营等领域便利市场准入、加强事中事后监管的措施。

三、保障措施

（一）强化组织领导。各地要高度重视农村闲置宅基地和闲置住宅盘活利用工作，加强统筹领导，搞好指导服务，强化部门协调，形成工作合力。要根据本地实际制定具体实施方案、操作细则和配套政策，进一步明确目标任务、主要内容和重点措施，确保盘活利用工作取得实效。

（二）强化政策扶持。各地要认真落实党中央、国务院关于乡村振兴、城乡融合发展、返乡下乡人员创业创新等文件要求，完善适合本地实际的农村闲置宅基地和闲置住宅盘活利用政策，出台扶持措施，简化市场准入，优化登记、备案等手续。要推动做好村庄规划编制、房地一体的宅基地使用权确权登记颁证、农村宅基地和农房调查、农村人居环境整治等基础工作，为盘活利用工作创造有利条件。

（三）强化宣传引导。各地要依托报刊、电视、网络、微博、微信、新闻客户端等媒体，深入宣传和解读农村闲置宅基地和闲置住宅利用法律法规和政策。要组织开展农村闲置宅基地和闲置住宅盘活利用典型案例征集推介活动，宣传盘活利用工作中涌现出的典型，营造良好的社会舆论氛围。

农业农村部
2019年9月30日

关于进一步加强本市农村宅基地管理工作的通知

沪农委规〔2020〕5号

各相关区人民政府：

解决农民建房问题，改善农民居住条件，是实现乡村振兴战略目标的重大民生工程。为进一步加强本市农村宅基地管理，规范农户建房秩序，保护农民合法权益，促进农民相对集中居住，根据《土地管理法》《城乡规划法》《上海市农村村民住房建设管理办法》、农业农村部和自然资源部《关于规范农村宅基地审批管理的通知》等法律规定和政策精神，经市政府同意，现就有关工作要求通知如下：

一、切实履行法定职责

区政府要加强对本区农村宅基地及其农民建房的管理，统筹组织协调相关部门、镇（乡）政府、村级组织依法履行职责。建立健全宅基地用地标准、申请、分配、使用、流转等审批管理制度。在充分尊重农村村民意愿的基础上，按照市政府规定的标准采取多种方式保障农村村民实现户有所居。

区农业农村委负责本区农村宅基地改革和管理工作，要建立健全宅基地违法用地查处机制，牵头研究制定宅基地及其农民建房的申请要件和审批流程，指导闲置宅基地和闲置农房盘活利用，组织开展农村宅基地现状和需求情况调查统计，参与编制国土空间规划、郊野单元村庄规划，及时将农民建房新增建设用地需求通报规划资源部门。区规划资源局负责在国土空间规划中合理布局宅基地，统筹安排宅基地用地规模，满足合理的宅基地用地需求，依法办理农用地转用审批、规划许可、农村宅基地及其房屋确权发证等相关手续，指导镇（乡）政府编制郊野单元村庄规划。区建设管理部门负责村民建房建筑活动的监督管理，具体做好细化明确本区具体风貌建设要求、推进实施乡村建筑师制度、组织落实向农户推荐通用图纸等工作。

镇（乡）政府负责本镇（乡）范围内农村村民住宅用地及建设的审核批准和具体管理，要建立健全镇级联审联办机制，由镇政府分管领导负责召集联席会议，镇级农村经营管理部门会同镇规划、土地、建设等职能部门,加强日常管理,优化审批流程,为农民群众提供便捷高效的服务。

村级组织要在镇(乡)政府指导下,不断完善宅基地民主管理,切实维护村民利用宅基地的合法权益。

二、完善宅基地审批程序

符合宅基地申请条件的农户,以户为单位向所在村集体经济组织或村民委员会(以下简称村级组织)提出宅基地和建房申请。村级组织接到农户建房申请后,应当在本村范围内将农户成员人数、建房位置、宅基地和建筑占地面积、建筑方案等相关信息张榜公布,公布期限不少于30日。公布期间无异议的,村级组织应当在申请表上签署意见后,连同建房申请人的宅基地使用承诺书和书面申请报送镇(乡)政府;公布期间有异议的,村级组织应当召集村民代表或集体成员代表会议讨论决定。农村村民集体建房用地选址涉及跨村用地调整的,按照《上海市农村村民住房建设管理办法》的相关规定办理。

镇级农村经营管理部门对村级组织报送的申请表和建房申请人的书面申请进行统一集中受理。镇级农村经营管理部门负责审查申请人和用地人数是否符合资格条件、宅基地和建房申请村级公示程序是否履行到位等;镇级规划土地部门负责审查用地是否符合宅基地合理布局要求、用地建房是否符合国土空间规划和用途管制要求、建房层数、高度等是否符合规定标准等;镇级建设管理部门负责审查建房图纸是否符合法定要求、房屋结构是否符合安全标准、建筑形态是否符合本地区风貌管控要求等。

镇级农村经营管理部门综合各有关部门意见,报宅基地管理联席会议审议后,由镇(乡)政府对农户宅基地申请作出审批决定,合并发放农村宅基地批准文件和乡村建设规划许可证。镇(乡)政府应当在接到村级组织报送的申请表和建房申请人的书面申请之日起30日内完成审批。审批结果应张榜公布,接受群众监督。镇(乡)政府在审核发放乡村建设规划许可证时,应当核定竣工期限,竣工期限一般为1年,最长不超过2年。农户宅基地涉及占用农用地的,依照《土地管理法》第四十四条规定先期办理农用地转用审批手续。农村村民集体建房审批的时限由区政府另行规定。

镇(乡)政府要建立宅基地用地建房审批管理台账,有关资料归档留存,并在批准之日起15日内将审批情况分别报区农业农村委、区规划资源局备案。

三、强化农房建设管理

经批准利用宅基地建房的农户，应当在开工前向镇（乡）政府申请划定宅基地用地范围。镇（乡）政府工作负责部门在5日内到现场进行查验，实地丈量批放宅基地，确定建房位置。

农户建造两层或者两层以上住房的，应当免费使用市住房城乡建设行政管理部门推荐的通用图纸，或者使用具备资质的设计单位设计或经其审核的施工图纸。

农户建房开工前，应该选择具有专业能力的施工队伍，签订建房协议，约定质量和安全责任。建房过程中，镇（乡）政府应当建立铭牌制度、公示建房基本信息，落实质量安全专管人员，对农户建房实施质量和安全监督，也可以委托符合条件的第三方质量安全管理机构实施质量和安全监督。

农户建房完工后，应当向镇（乡）政府申请验收。镇（乡）政府在接到农户申请后5日内，由镇（乡）政府工作负责部门组织相关部门进行验收，实地检查农户是否按照批准要求建设住房，并出具《农村宅基地和建房（规划许可）验收意见表》。镇（乡）政府应在15内将验收情况分别报区农业农村委、规划资源局备案。通过验收的农户，可以向不动产登记部门申请办理不动产登记。

农户按规划易地实施建房的，应当在新房竣工后3个月内拆除原宅基地上的建筑物、构筑物和其他附着物；参加集体建房的，应当在新房分配后3个月内拆除原宅基地上的建筑物、构筑物和其他附着物。原宅基地由村级组织依法收回，并由镇（乡）政府或区规划资源行政管理部门及时组织整理或者复垦。

四、建立长效监管机制

区农业农村委要会同规划资源、建设管理等部门对宅基地审批和建房规划许可办事指南、申请表单、申报材料清单等进行梳理，结合本地实际进一步简化和规范申报材料，细化优化流程和办事指南，确保审批程序公开、公平、透明。

农村村民未经批准、采取欺骗手段骗取批准或者在批准的宅基地范围以外占用土地建住宅的，由区农业农村委责令退还非法占用的土地，限期拆除在非法占用土地上新建的房屋。违法农户逾期不自行拆除的，由区农业农村委按照相关法律规定处理。

未依法取得乡村建设规划许可证或者在批准的宅基地范围内未按照乡村建设规划许可证的规定进行建设的，由镇（乡）政府依据《城乡规划法》有关规定，责令停止建设、限期改正；逾期不改正的，依法予以拆除。

各区要充分利用统一的宅基地审批管理信息系统，建立集图形、面积、属性等静态信息和户内人口身份、房屋用途等动态信息于一体的数据库，推进宅基地申请、审批、流转、退出、违法用地查处等的全面实时管理，并在区农业农村、规划资源部门和镇（乡）政府之间实行信息共通共享。

镇（乡）政府要加强对宅基地申请、审批、使用的全程监管，指导村级组织完善宅基地民主管理程序。要全面落实宅基地申请审查到场、批准后丈量批放到场、住宅建成后核查到场等"三到场"要求。要经常性开展农村宅基地动态巡查，建立健全村级宅基地协管员制度，及时发现和处置涉及宅基地的各类违法行为，防止产生新的违法违规占地现象。

五、鼓励盘活闲置资源

积极稳妥开展农村闲置宅基地和闲置住宅盘活利用工作，要紧紧围绕实施乡村振兴战略，着眼乡村产业发展需求，注重规划先行要求，与乡村产业发展规划相匹配，注重绿色发展。严守土地集体所有制性质不改变、耕地红线不突破、农民利益不受损的底线。充分尊重农民意愿，调动农民参与的积极性和主动性，切实保护农民合法权益。

鼓励村集体和农民通过自主经营、合作经营、委托经营等方式盘活利用闲置宅基地和闲置住宅，依法依规发展农家乐、民宿、乡村旅游、养老休闲等产业。支持返乡人员依托自有和闲置住宅发展适合的乡村产业项目。引导有实力、有意愿、有责任的各类市场主体有序参与盘活利用工作。依法保护各方合法权益，推动形成多方参与、合作共赢的良好局面。城镇居民、工商资本等租赁农房居住或开展经营的，要严格遵守合同法的规定，租赁合同的期限不得超过20年。合同到期后，双方可以另行约定。

鼓励村集体积极稳妥开展闲置宅基地整治，整治出的土地优先用于满足农民新增宅基地需求、村庄建设和乡村产业发展。闲置宅基地盘活利用产生的土地增值收益要全部用于农业农村。对进城落户的农村村民，各区在推进农民相对集中居住的同时，可以多渠道筹集资金，鼓励其自愿有偿退出宅基地。

六、全面落实工作要求

一要夯实相关工作基础。各区要建立农村宅基地统计调查制度，在第三次国土资源调查、农村土地所有权确权登记、农村地籍更新调查等工作的基础上，落实经费，组织开展房地一体的权籍调查，全面摸清宅基地及其农房的面积、规模、布局、权利主体和利用现状等情况。要进一步推进宅基地使用权确权登记颁证工作，为深化农村土地制度改革，探索宅基地所有权、资格权、使用权"三权分置"提供坚实支撑。

二要保护集体经济组织和农民权益。充分保障农户宅基地申请权利和农民房屋财产权，不得以各种名义违背农民意愿强制流转宅基地和强迫农民"上楼"，不得违法收回宅基地使用权人合法取得的宅基地。要充分保障集体经济组织及其成员民主权益，集体决策和公开公示等相关程序要切实履行到位。严禁城镇居民到农村购买宅基地，严禁下乡利用农村宅基地建设别墅大院和私人会馆。严禁借流转之名违法违规圈占、买卖宅基地。

三要节约集约土地使用。要强化规划引领，严格落实土地用途管制，农村村民建设住宅应当符合镇（乡）土地利用总体规划、村庄规划。要严格落实"一户一宅"制度，对历史形成的"一户多宅"和宅基地面积超标等问题，要按照有关政策规定分类进行认定和处置。具有条件的区、镇，可以在充分尊重农民意愿的基础上，鼓励引导农民通过进城镇集中、宅基地归并、宅基地有偿退出等方式实现户有所居。

四要加强管理队伍建设。区、镇要履行好属地责任，强化组织领导，切实加强基层宅基地管理队伍及体系建设。农村经营管理部门是承担宅基地日常具体管理的责任部门，区、镇要加大支持力度，要优先安排政治素质高、业务能力强、工作经验丰富的干部人才，特别是对镇级农经机构，要进一步健全机构，稳定队伍，充实力量，落实经费，改善条件，确保工作有人干、责任有人负。要加强培训，提升业务支撑和履职能力，不断完善宅基地管理和服务质量。

五要做好部门间衔接。区农业农村委作为宅基地管理工作责任部门，要主动担当,落实保障条件,组织推进本区宅基地改革和管理工作。区规划资源、建设管理等部门要强化职责范围内的工作对接和业务支持,做好宅基地及其农房管理的相关数据、资料和信息等的移交和对接工作,共同研究解决历史遗留问题,保持工作的连续性、稳定性,防止出现工作"断层""断档"和弱化宅基地管理的情况。区相关部门要加强对镇的业务指导,形成"条块"工作合力,确保宅基地分配使用公开、公平、公正。

六要加强考核监督。区、镇和相关部门要把宅基地管理工作纳入绩效考核。要严肃工作纪律,坚决杜绝推诿扯皮和不作为、乱作为的现象。对工作不力、玩忽职守、滥用职权、徇私舞弊的,要依法严肃追责。

区、镇政府及其相关部门要充分认识加强和改善宅基地管理工作的重要意义,统筹协调、明确责任、系统谋划、主动担当,全面落实相关法律规定和政策要求,为促进农民安居乐业、农村社会稳定和乡村全面振兴提供坚实保障。

七、实施日期和有效期

本《通知》自 2020 年 7 月 1 日起实施,有效期五年。

上海市农业农村委员会　上海市规划和自然资源局
上海市住房和城乡建设管理委员会
2020 年 6 月 12 日

第八章　促进浦东新区农民增收主要补贴政策研究

本章旨在梳理浦东新区出台的 3 项农民增收政策补贴办法实行以来的主要做法的基础上，分析新区农民增收补贴政策效果和效率，剖析存在的问题及其原因，借鉴国际经验，提出对策建议，为新形势下调整和完善农民增收补贴政策，加快培育农民增收新动能提供借鉴。

一、浦东新区农民增收主要补贴政策主要做法

2011 年，浦东新区制定了促进农民增收的顶层设计方案，区农委在此方案的指导思想下制定、出台了《〈浦东新区关于务农农民直补政策实施办法（试行）〉等若干政策》（浦农委〔2011〕11 号），该系列政策提出了"人头"直补、"龙头"激励和"田头"引导等促进农民收入增加的主要做法，主要如下：

（1）经审核认定符合补贴条件的农民〔凡具有浦东新区农业户籍、符合法定就业年龄段（18～60 周岁）〕，每人每月补贴 100 元，全年 1 200 元。

（2）凡在本区的涉农企业（包括涉农经济组织），录用本区农村户籍就业年龄段的农民，并与其签订一年及以上劳动合同，为其缴纳小城镇社会保险或城镇职工社会保险，给予一定的补贴。具体包括：①就业补贴。对录用本区农村户籍的劳动力就业的各类涉农企业，给予企业每人每年 6 500 元的就业补贴。②用工补贴。为鼓励涉农企业优先吸纳本区农村户籍的劳动力就业，对吸纳本区农村户籍的劳动力就业的各类涉农企业，给予企业每人每月 100 元的用工补贴。两项补贴期限最长不超过 2 年。

（3）区财政对符合规定的农村土地承包经营权流转予以 500 元/（亩·年）的补贴。农村土地承包经营权流转补贴，以当年区土地流转指导价为基础，土地流转费低于区指导价的，流转补贴全部归流出方（农

户）；土地流转费高于区指导价的，按比例给予流入方一定的流转补贴，但最高比例不超过500元/（亩·年）流转补贴的30%。

在此基础上，浦东新区又从"人头""龙头"和"田头"等几个方面相继出台了相关完善和改进的政策，具体来说：

（1）"人头"政策完善。《浦东新区关于务农农民直补政策实施办法（试行）》（浦农委〔2011〕11号），对于直接提高农民转移性收入，发挥了十分重要的作用。为了进一步完善新区务农农民直补政策，继续加大政策实施力度，增加农民转移性收入，促进农民持续增收，新区在2013年出台了《关于完善浦东新区务农农民直补政策的实施办法》（浦农委〔2013〕97号），对〔2011〕11号文进行了完善，主要是对农民直补政策实施的范围进行了调整、完善，具体来说：

①将直接从事涉农领域工作的农民调整为直接或间接从事涉农领域工作的农民，扩大了补贴的范围。

②对不在补贴范围的对象进行了调整：一是将在职事业单位编制人员扩大为机关、事业单位编制人员；二是镇集体人员不再是补贴范围外人员；三是将土地征用时户籍未转性人员纳入不补贴范围。包括土地征用时因个人原因放弃办理镇保和改变户籍（仍然为农业户籍），以及整建制土地换镇保时因年龄未满16周岁而未能实施镇保的且户籍未随父母随迁的人员（俗称"小农民"）。通过调整将不符合补贴条件的人员排除在补贴之外，使农民直补政策更精准、高效。

（2）"龙头"政策完善。为加大促进农民就业的政策扶持力度，继续鼓励涉农经济组织吸纳本区农民充分就业，促进农民收入持续稳定提高，新区在2015年出台了《关于浦东新区涉农经济组织吸纳本区农村户籍劳动力就业补贴的实施办法》（浦农委〔2015〕146号），进一步完善了浦东新区涉农经济组织吸纳本区农村户籍劳动力就业补贴相关政策，主要是明确和扩大了涉农经济组织的定义，注册地和经营地均在浦东新区的各类涉农企业、农民专业合作社和家庭农场（含加工、流通、服务等类型涉农经济组织）均在补贴范围。与〔2011〕11号文中关于就业补贴的政策相比，主要做出了如下调整：

①增加了家庭农场的就业补贴。家庭农场是以家庭为核心组织生产、劳动的涉农经济组织，按照市政府相关文件精神，可以通过集体参保的方式，参加职工社会保险，每个家庭农场，享受补贴人员不超过三名。

②取消了补贴期限不超过两年的规定。

（3）"田头"政策完善。为进一步鼓励和规范浦东新区农村土地承包经营权有序流转，维护流转双方当事人合法权益，加快构建集约化、专业化、组织化、社会化相结合的新型农业经营体系，促进农民持续稳定增收，区农委在2013年和2014年先后出台了《关于完善浦东新区农村土地承包经营权流转补贴政策的实施办法》（浦农委〔2013〕99号）和《关于进一步完善浦东新区农村土地承包经营权规模流转补贴政策的实施办法》（浦农委〔2014〕135号）等文件，主要是调整了补贴金额和补贴对象，具体来说：

①调整了补贴金额。2011年流转指导价格为1 000元/（亩·年），对符合规定的农村土地承包经营权流转予以500元/（亩·年）的补贴。2013年将流转指导价格提高为1 050元/（亩·年）。2014年将500元/（亩·年）的补贴增加至800元/（亩·年）。

②调整了补贴对象。2011年和2013年的政策中都是低于流转指导价的由土地流出方享受补贴，高于流转指导价的由流出方和流入方三七比例分成享受补贴；而在2014年的政策中取消了流入方的补贴资格，变为由流出方全额享受补贴。

二、浦东新区农民增收主要补贴政策效果评价

从总体看，浦东新区促进农民增收政策对增加农民收入、缩小城乡差距起到了积极有效的作用。农村居民家庭人均可支配收从2010年的13 898元增加到2016年的27 908元，年均增幅12.33%，明显高于同时期浦东新区居民收入或全市居民收入的增幅，居民收入比也从2010年的2.33:1降低为2016年2.00:1。

然而，普惠的各项农民增收政策缺乏对区域差异的考虑，政策效果也存在南北差异，政策仍有一定的完善空间。南部各镇的增长幅度逐步放缓，北部各镇的增长幅度逐步上升，在相同政策下南北各镇的增长呈现出差异性的增长趋势。

1. 基于"两高一快"目标的政策效果评价

"三头"政策是在"两高一快"[①]的工作目标下提出的，从这个目标

[①] 浦东农民收入的增长高于全市城乡居民收入增幅，浦东农民收入的增长高于新区GDP的增幅，浦东农民收入的增长快于城镇居民收入的增幅。

看,"三头"政策取得了较好的成效。

2011—2016年,新区农村居民人均可支配收入实现连续快速增长,农村居民家庭人均可支配收入从2010年的13 898元增加到2016年的27 908元,总体增加了14 010元,年均增幅12.33%,其中以2015年15.26%的增幅居首位。

2011—2016年,新区农村居民人均可支配收入12.33%的年均增幅,不仅显著高于全市城乡居民收入9.34%和新区地区生产总值(GDP)10.47%的年均增幅,也高于浦东城镇居民家庭人均可支配收入9.56%的年均增幅,城乡居民收入比从2010年的2.33:1降低为2016年2.00:1,有效缩小了城乡居民收入差异。

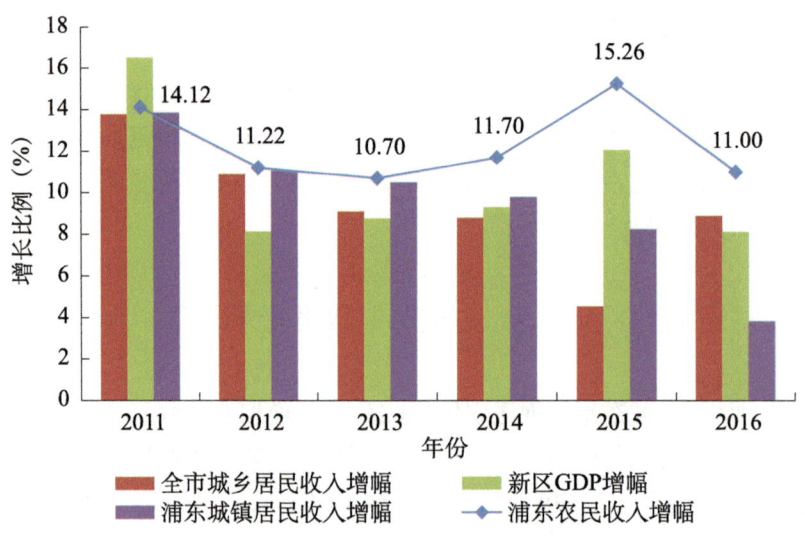

图8-1 2011—2016年浦东农民收入增长情况

2. 基于时空变化的政策效果评价

(1)基于时间序列的政策效果评价。从图8-2看,在"三头"政策出台之前的2006—2010年,城镇居民收入增长幅度连年高于农村居民收入增长幅度,且二者差距有不断扩大的趋势,居民城乡收入比从2005年的1.95:1扩大到2010年的2.33:1;而在农民增收政策出台和不断完善后,城镇居民收入增长幅度连年低于农村居民收入增长幅度,且在经过3年相似的变化趋势后,城镇居民收入增长幅度和农村居民收入增长幅度的变化出现分化,农村居民收入增长幅度明显高于城镇居民收入增长幅度,居民收入比从2.33:1逐步缩小到2.00:1,政策对于增加农民收入、缩小城乡差距

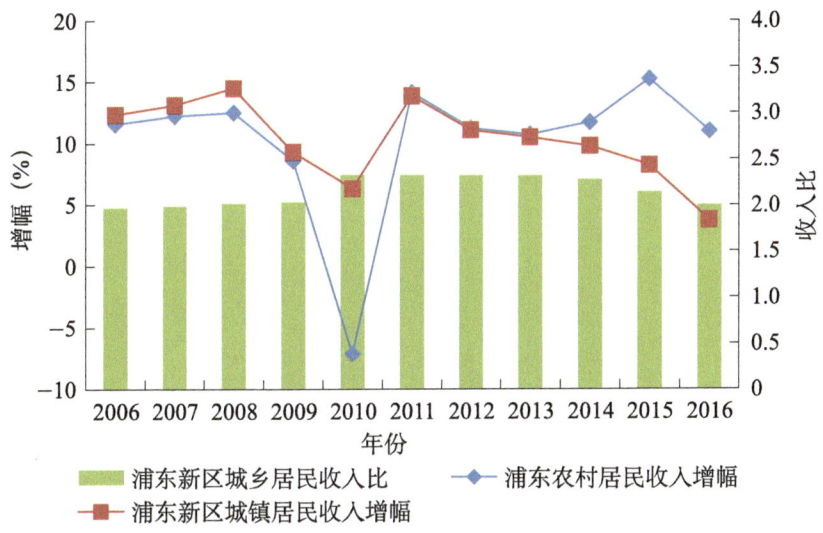

图 8-2 2006—2016 年浦东农民收入增长情况对比

的效果明显。

（2）基于空间对比的政策效果评价。从农村居民的人均可支配收入增幅看，2011—2016 年新区的平均增幅为 12.33%，仅低于崇明①14.41% 的平均增幅，且 2016 年的绝对值达到 27 908 元/人，排位比政策推出前的 2010 年升了一位，政策对农民收入增加起到了重要作用。从图 8-3 可以看到，新区的农民增收幅度逐年稳步上涨，虽然 2011—2016 年的平均增长幅度低于崇明，但是连年增长趋势是最好的，且增长趋势线明显高于上海市其他郊区，这与农民增收政策的推行是分不开的。

3. 基于区内差异分析的政策效果评价

从镇的层面看，增收政策还有较大的改进空间，由于政策没有充分考虑各镇的资源禀赋差异和经济、产业发展水平的差异，导致在政策引导下，各镇农村居民收入增长的增长点趋同、增长差异越来越小。

（1）区内差异的变化趋势。浦东新区内各镇的农村居民人均收入增幅差异逐步缩小。从图 8-4 看，2011—2016 年，各涉农镇的平均增幅有逐步放缓的趋势，且随着政策的执行，各镇最大增幅和最小增幅间的差距明显缩小，说明在农民增收政策作用下，各镇的农民收入增幅变化有趋同的趋势，缺乏差异化的农民增收政策导致各镇在农民增收工作上没有充分体

---

① 2016 年崇明县改设为区。

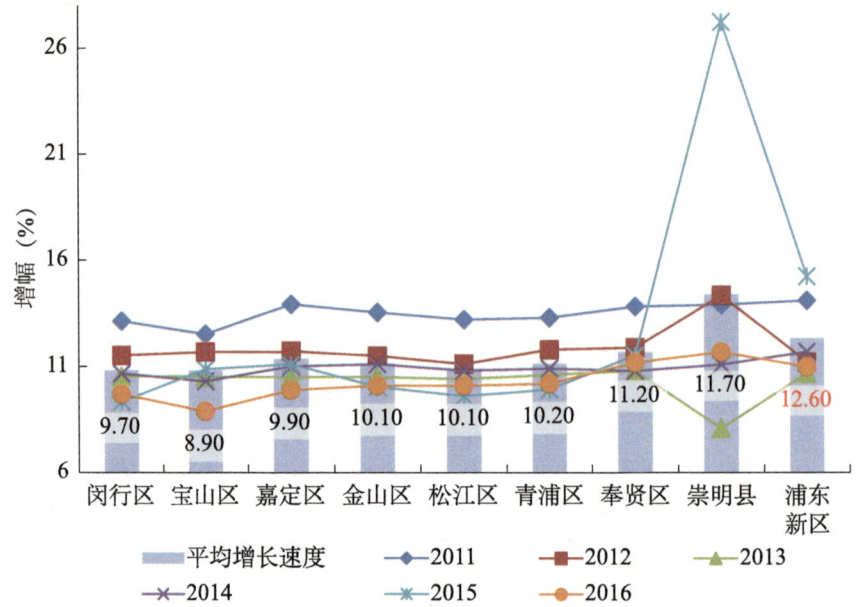

图 8-3 2011—2016 年上海市郊区农民收入增长情况对比

现出资源禀赋差异和经济产业发展差异，这也从一个侧面反映了新区的农民增收政策缺乏有效的激励机制促进各镇差异化增收。这种无差异的政策不利于各镇发挥各自的资源和优势寻找新的农民增收增长点。

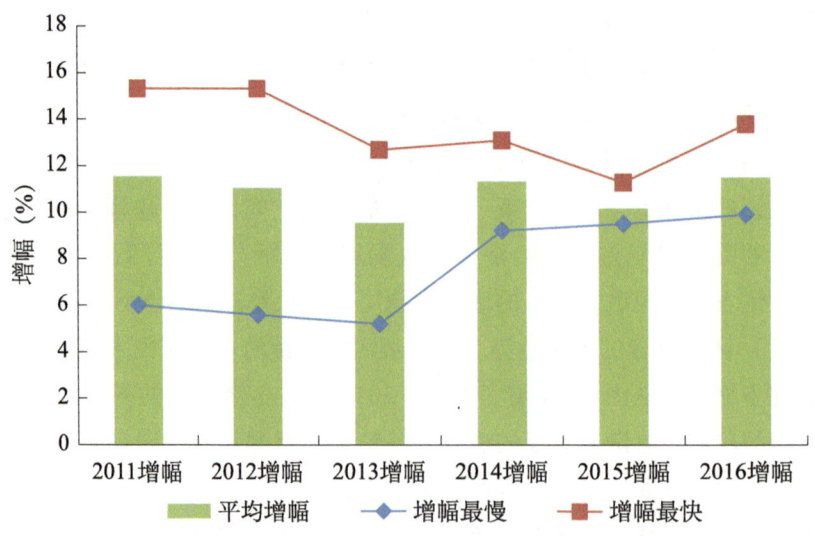

图 8-4 2011—2016 年浦东新区各涉农镇农民收入增长情况对比

在政策作用下全区整体增幅保持了一个较快速度，但南部镇的增长速度逐步放缓。从图 8-5 可以看出，2011 年农村居民收入增长幅度的南北差异很大，各镇增幅主要分布在收入增长最快组（增幅 12.81%~15.4%）和最慢组（5%~8.8%），且分界线明显；到 2015 年，农村居民收入增长幅度已经趋同，收入增长分布在较快组（11.21%~12.8%）、一般组（10.11%~11.2%）和较慢组（8.81%~10.1%），且分布界限也不明显；到 2016 年，除了 1 个镇（宣桥镇）在较慢组和 1 个镇（唐镇）在最快组外，其余的 21 个镇全部分布在较快组（11.21%~12.8%）和一般组（10.11%~11.2%）。虽然全区整体的增幅保持了一个较快速度，但从各镇数据看，南部镇的增长速度呈现出一个逐步放缓的过程。

（2）各镇政策效果的相互作用分析。从图 8-6 可知，分析结果的前 3 年，增速较慢的镇发生了"低—低"型空间聚集，表明在这期间，增速较慢的镇主导了全区农村居民收入增长幅度，北部增收较慢的镇对其他镇的增长有消极作用；到 2015 年，各镇之间没有显著的相互作用，这主要是由于在政策的作用下，增速较快的镇一方面受到增速慢的镇的影响而逐步减慢了速度，一方面无差异的政策又没有激励增速较快的镇找到新的农村居民收入增长的增长点；而到 2016 年，增速较慢的镇在南部发生了"低—低"型空间聚集，增速较快的镇在北部发生了"高—高"型空间聚集，这表明随着政策的推进，政策在地区南北镇发挥的作用存在显著差异，反观则意味着南部和北部的各镇对农民增收政策的需求已经存在显著差异，在政策调整方面也需要充分考虑南北差异。

三、浦东新区农民增收补贴政策的效率分析

（一）农民增收补贴政策的作用机制分析

本章分析的农民增收补贴政策是以三项补贴为基础，因此文中所涉及的补贴金额主要是三项补贴政策的金额。浦东新区农民增收补贴政策中，务农农民直补和土地流转补贴政策主要是通过增加农户的转移性收入渠道增加农民收入，用工补贴政策是通过对涉农经济组织的转移性收入从而增加农民收入。具体看，务农农民直补政策的补贴对象是具有浦东新区农业户籍、符合法定年龄的直接或间接从事涉农领域工作的农民。根据 2014 年出台的相关实施办法，对经审核认定符合补贴发放条件的农民予以全年

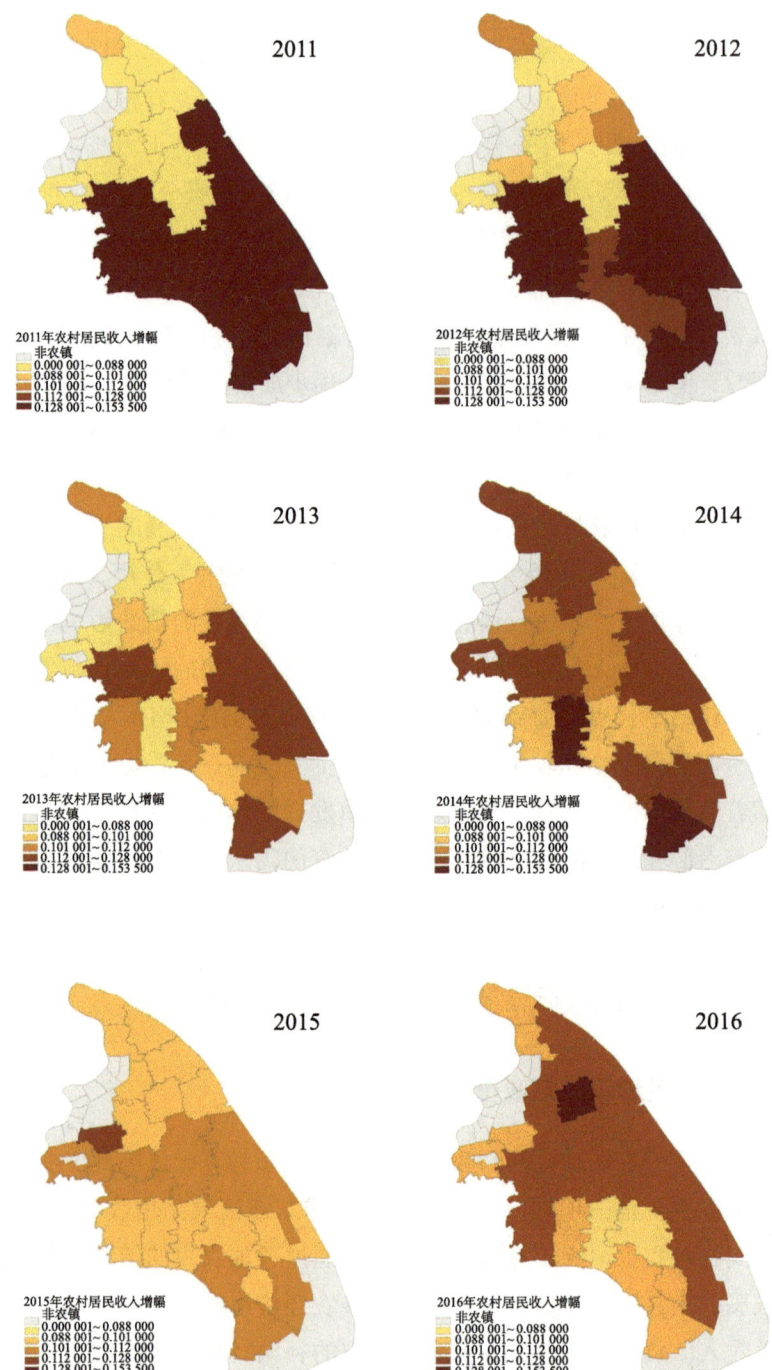

图 8-5 2011—2016 年浦东新区各涉农镇农民收入增长情况变化

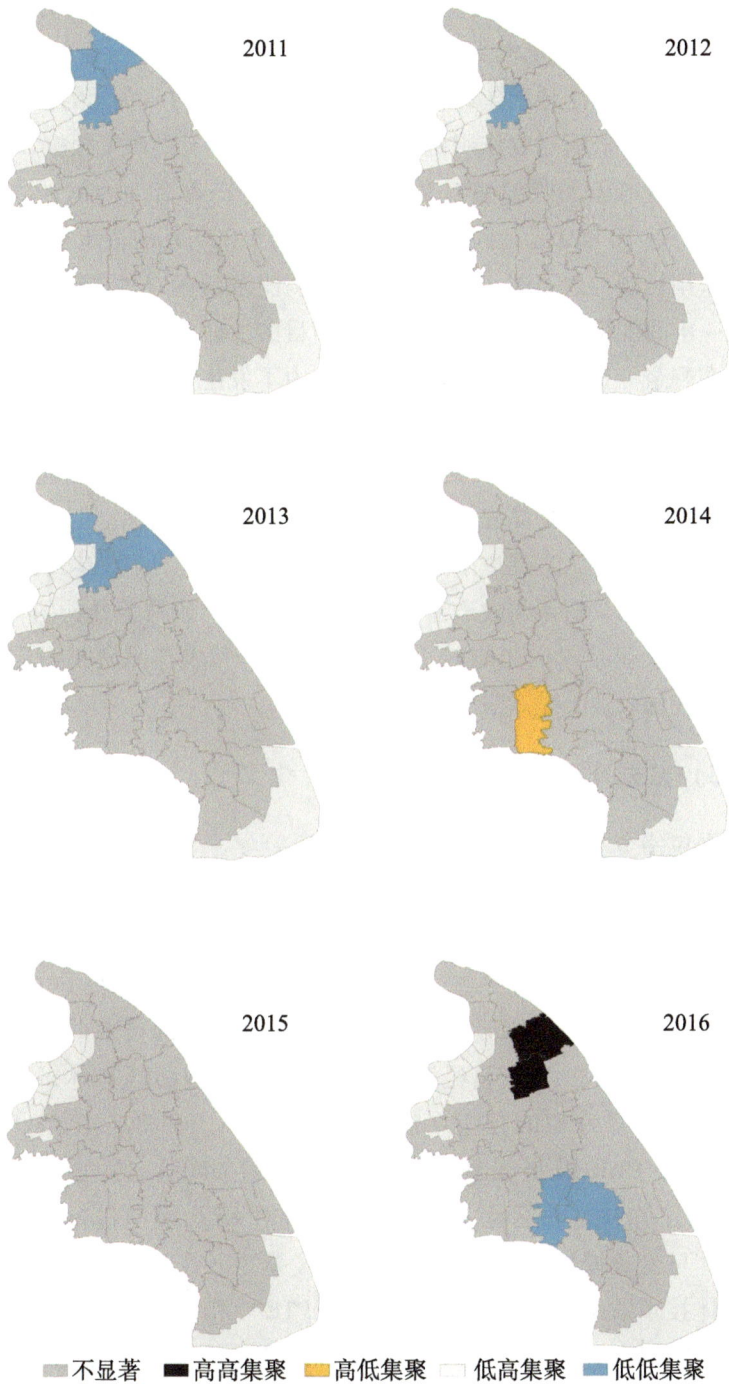

图 8-6 2011—2016 年浦东新区各涉农镇农民收入增长的空间相关图

1 200元的直接补贴。土地流转补贴政策的补贴对象为浦东新区范围内有土地承包权且流转土地规模≥20亩的农户。根据2015年出台的实施办法,对符合条件的农村土地承包经营权流转予以每年亩均800元的补贴。上述两种补贴政策对农民增收作用机制较为简单。用工补贴政策根据2012年的标准,则是政府给予吸纳浦东新区本区的农村户籍劳动力的涉农经济组织,全年补贴10 350元,同时予以每年人均1 200元的用工奖励。可见,用工的作用机制与之不同,主要是通过影响浦东新区农村户籍劳动力的用工量这一中间变量来达到促进农民增收的目的。假定浦东新区农村户籍劳动力存在剩余,且数量和收入水平在短期内不发生变化,在用工补贴政策激励的情况下,"理性"的涉农经济组织就会倾向于招收浦东新区本区的农村户籍劳动力,从而有效提高本区农民的工资性收入。因此,理论上看,用工补贴政策对提高农民收入的效果应最显著。此外,三项补贴增加了劳动力要素的投入,促进了土地的适度规模经营,从而推动农业高质量发展。三项补贴具有不与农产品产量、生产面积、价格等挂钩的特点,其作用机制对农业技术的影响较小,对农业生产和农产品贸易没有扭曲作用,符合我国农业补贴政策改革的方向。

(二) 数据分析方法

数据包络分析方法(DEA)是美国运筹学家Copper和Charnes等人提出的,该方法是以运筹学、管理科学和数理经济学等交叉学科为基础,结合Pareto优化的经济学概念和线性规划理论,以有效综合评价多投入—多产出指标为复杂系统的非参数前沿效率分析法(辛冲冲等,2017)。DEA模型的基本假定是各经济体面对同样的技术前沿,其核心在于定义距离函数,以度量经济体大技术前沿的差距(肖林兴,2013)。DEA模型可以分为CCR模型(规模不变的CRS)和BCC模型(规模可变的VRS),CCR模型仅能测算决策单元(DMU)的总体技术效率(TE),为了弥补这一不足,Banker等学者对CCR模型进行了改进,即可以测算可变规模报酬下相对效率的BCC模型。在该模型下,可以进一步将总体技术效率分解为纯技术效率(PTE)和规模效率(SE),进而判断当DMU处于无效率状态时是规模无效还是技术配置无效,三者之间的关系是 $TE = PTE \times SE$。

为了更加深入地分析浦东新区农民增收补贴政策全要素生产率的变化

情况，这里采用 Malmquist 指数分析法对浦东新区层面和新区各镇层面的数据进行了分析。Malmquist 指数分析法是基于 DEA 模型测算全要素生产率动态变化的一种方法，以距离函数为构造基础，通过计算不同时期生产点距离的几何平均值得出生产效率的变动情况（张静等，2011）。Malmquist 指数主要包括技术效率变化（effch）、技术进步（techch）、纯技术效率变化（pech）、规模效率变化（sech）和全要素生产率指数（MI），其中 MI＞1，TFP 处于增长阶段；MI＜1，TFP 处于下降阶段，MI＝1，TFP 处于不变状态。技术效率变化用以度量相同投入条件下实际产出与理论最大产出的比值或相同产出条件下实际投入与理论最大投入的比值，effch＞1，表示决策单元靠近技术前沿。技术进步反映政策实施过程中通过技术改造等手段实现等量产出降低投入或等量投入降低产出，pech＞1，表明 DMU 出现技术进步或创新。五者相互关系是 MI = effch × techch = pech × sech × techch。

（三）数据来源与指标体系构建

数据来源于上海市浦东新区相关部门、《上海浦东新区统计年鉴》（2011—2017）、《中国统计年鉴》（2017）和上海市浦东新区人民政府网站。为了进一步分析农民增收补贴政策的有效性，在把浦东新区作为独立决策单元进行 DEA 和 Malmquist 操作的基础上，还对新区各镇的政策效率进行测算。考虑到数据的完整性和分析结果的科学性和准确性，最终选取浦东新区的 14 个镇构成 14 个决策单元，具体包括川沙新镇、合庆镇、曹路镇、惠南镇、周浦镇、新场镇、大团镇、航头镇、祝桥镇、泥城镇、宣桥镇、书院镇、万祥镇、老港镇，这 14 个镇在浦东新区分布广泛，在农业发展水平方面差异性较大，对于说明浦东新区农民增收补贴政策的整体实施情况具有代表性。

浦东新区农民增收补贴政策于 2011 年开始全面实施，于是将 2011—2016 年作为研究区间。在 DEA 模型指标的选取上，根据投入—产出的分析思路，农民增收补贴政策最主要的投入是资金投入，选取土地流转补贴金额、务农农民直补金额、用工补贴金额和受补贴对象人均补贴金额 4 个指标，其中人均补贴金额表示农民人均补贴力度。除此之外，作为一项重要的农业生产要素，文章把土地投入作为一项投入指标，用耕地面积来表示。考虑到促进农民收入持续稳定提高和加快浦东现代都市农业两个主要政策目标,选取农村居民人均纯收入和农业总产值作为产出指标。综上,共选取5项投入指标和2项产出指标构成 DEA 模型的指标体系。5项投入指标包括浦东新区层面和新区镇级层面的土地流转补贴金额、务农农民直补金额、用工补贴金额、耕地面积以及受补贴对象的人均补贴金额;2项产出指标是指浦东新区层面和新区镇级层面的农村居民人均纯收入和农业总产值,相关统计性描述见表8-1。

表8-1 统计性描述

年份	项目	用工补贴(元)	土地流转补贴(元)	农民直补(元)	人均补贴(元)	耕地面积(公顷)	农民人均纯收入(元)	农业总产值(元)
2011	最大值	1 437 364	10 670 850	40 127 200	1 268	3 566	17 608	642 640 000
	最小值	52 620	218 253	5 324 700	1 197	602	13 647	91 810 000
	中位数	420 304	1 790 286	12 782 150	1 216	1 974	14 514	408 155 000
	均值	520 199	2 694 216	15 322 321	1 220	2 147	14 900	366 443 571
	标准差	414 738	2 878 100	9 179 546	23	917	1 316	157 680 106
2012	最大值	1 859 240	9 096 254	29 139 400	680	4 320	19 228	669 480 000
	最小值	112 613	533 532	4 834 700	593	527	15 407	92 610 000
	中位数	564 025	1 923 986	12 322 100	615	1 940	16 364	359 020 000
	均值	2 121 955	9 216 334	37 427 101	1 270	5 262	34 970	889 809 269
	标准差	554 636	2 688 732	7 910 344	23	1 110	1 341	167 362 126
2013	最大值	2 705 120	9 043 028	28 166 300	691	2 721	20 815	610 660 000
	最小值	169 600	533 532	4 600 100	610	525	17 034	96 650 000
	中位数	959 830	2 134 891	12 054 850	632	1 772	18 153	381 610 000
	均值	1 140 237	3 456 443	14 344 493	643	1 617	18 434	368 036 429
	标准差	727 038	2 715 678	7 794 002	27	703	1 223	159 816 630
2014	最大值	3 375 600	13 816 556	25 944 000	766	2 697	22 959	607 990 000
	最小值	276 000	747 587	4 493 800	616	524	18 731	96 090 000
	中位数	1 176 600	4 650 298	12 777 300	653	1 748	20 081	376 515 000
	均值	1 413 857	6 142 774	14 017 729	665	1 582	20 476	357 246 429
	标准差	885 014	4 271 576	7 284 985	44	679	1 330	158 782 103
2015	最大值	5 514 750	16 719 678	24 867 100	742	2 727	25 551	641 750 000
	最小值	301 050	3 117 251	4 056 300	470	498	20 618	99 310 000
	中位数	1 601 100	7 923 711	11 343 450	667	1 747	22 119	379 955 000
	均值	1 823 850	8 375 871	13 181 271	663	1 571	22 592	330 656 429
	标准差	1 368 862	4 210 950	7 157 170	68	680	1 519	177 307 747

续表

年份	项目	用工补贴(元)	土地流转补贴(元)	农民直补(元)	人均补贴(元)	耕地面积(公顷)	农民人均纯收入(元)	农业总产值(元)
2016	最大值	9 037 850	17 274 398	24 287 600	808	2 727	28 052	502 370 000
	最小值	345 100	2 498 561	3 798 200	614	459	22 994	76 230 000
	中位数	1 857 450	7 909 228	11 142 050	678	1 743	24 646	318 440 000
	均值	2 274 300	8 809 290	12 995 371	693	1 543	25 089	297 830 714
	标准差	2 194 809	4 515 763	6 871 967	56	707	1 659	126 567 445

(四) 结果与分析

从浦东新区层面和新区镇级层面出发，采用 DEAP2.1 软件，基于 DEA – Malmquist 模型对浦东新区农民增收补贴政策实施效率进行测算。首先将浦东新区作为独立决策单元，对 2011—2016 年农民增收补贴政策数据进行多阶段 DEA 求解，得出浦东新区的总体技术效率值（表 8 – 2）。

表 8 – 2　2011—2016 年浦东新区农民增收补贴政策实施效率

年份	技术效率	纯技术效率	规模效率	规模报酬
2011	1.000	1.000	1.000	规模报酬不变
2012	1.000	1.000	1.000	规模报酬不变
2013	1.000	1.000	1.000	规模报酬不变
2014	1.000	1.000	1.000	规模报酬不变
2015	1.000	1.000	1.000	规模报酬不变
2016	1.000	1.000	1.000	规模报酬不变
均值	1.000	1.000	1.000	

根据表 8 -2，进行如下分析：①技术效率特征分析。2011—2016 年新区农民增收补贴的技术效率值全部为 1，说明 6 年的政策实施效率呈现 DEA 有效状态，即政策的实施对投入与产出的动态平衡起到了良好促进作用，有效促进了农民增收和农业发展。②纯技术效率特征分析。2011—2016 年新区农民增收补贴的纯技术效率值均为 1，说明浦东新区达到了技术效率的有效性，主要体现在既定投入下的产出最大化。③规模效率特征分析。2011—2016 年新区农民增收补贴的规模效率值均为 1，说明政策规模效率整体比较平稳，农民增收补贴资金达到了规模收益最优状态。④规模报酬特征分析。在整个政策实施期间始终保持着规模报酬不变的状态，说明各个年份均达到了最佳规模。

在上述基础上，将浦东新区作为独立决策单元，对2011—2016年农民增收补贴政策进行 Malmquist 指数分析，得出 Malmquist 指数及其分解指数（表8-3）。

表8-3 2011—2016年浦东新区农民增收补贴政策的 Malmquist 指数

年份	技术效率变化	技术进步变化	纯技术效率变化	规模效率变化	全要素生产率指数（MI）
2011—2012	1.000	1.242	1.000	1.000	1.242
2012—2013	1.000	1.190	1.000	1.000	1.190
2013—2014	1.000	0.789	1.000	1.000	0.789
2014—2015	1.000	0.916	1.000	1.000	0.916
2015—2016	1.000	0.902	1.000	1.000	0.902
均值	1.000	1.008	1.000	1.000	1.008

根据表8-3，从测算的均值来看，农民增收补贴政策的 Malmquist 指数均值为1.008，说明政策执行期间的全要素生产率以平均每年0.8%的速度在上升。根据前文对5个指标之间关系的说明，可知全要素生产率的变化主要由技术进步变化引起。进一步观察可以发现 MI 指数的变化具有阶段性特征，分为两个阶段：2011—2013年为第一阶段，该阶段全要素生产率虽呈现下降趋势，但是全要素生产率值>1，平均上升幅度为21.6%，主要是政策实施之初，政策效果比较明显。2013—2016年为第二阶段，该阶段的特征是全要素生产率呈现下降趋势，全要素生产率值<1，平均下降幅度为13.1%，而且 MI 指数在2013年出现了大幅度下降。主要原因是政策的边际效用递减规律发生作用，但是可以发现后4年全要素生产率虽在下降，下降的幅度在不断缩小。这源于后期针对政策实施过程中遇到的问题不断对原有政策进行升级和完善。虽然全要素生产率下降的年份多于上升的年份，但是总体仍然是有效的，原因在于全要素生产率的降低主要由技术进步下降引起的。事实上，农民增收补贴政策更多的是对农民进行转移支付，对生产过程中的技术进步的激励作用有限。

以上在浦东新区层面对农民增收补贴政策进行了 DEA-Malmquist 指数测算，接着将浦东新区14个镇作为决策单元，对农民增收补贴政策实施效率进行多阶段 DEA 求解，得出2011—2016年新区各镇政策的效率指标值（表8-4）。

表 8-4 2016 年各镇农民增收补贴政策实施效率

区域	技术效率	纯技术效率	规模效率	规模报酬	行政区位
川沙新镇	0.987	1.000	0.987	递增	北
合庆镇	0.974	0.989	0.985	递减	北
曹路镇	1.000	1.000	1.000	不变	北
惠南镇	0.790	0.901	0.877	递减	南
周浦镇	1.000	1.000	1.000	不变	北
新场镇	1.000	1.000	1.000	不变	南
大团镇	0.941	1.000	0.941	递减	南
航头镇	0.857	0.896	0.956	递减	南
祝桥镇	1.000	1.000	1.000	不变	北
泥城镇	1.000	1.000	1.000	不变	南
宣桥镇	1.000	1.000	1.000	不变	南
书院镇	0.925	0.932	0.992	递减	南
万祥镇	0.767	0.840	0.913	递减	南
老港镇	0.853	0.931	0.917	递减	南
南部镇	0.913	0.950	0.959	递减	
北部镇	0.992	0.998	0.994	递减	

根据表 8-4,进行如下分析:

(1) 14 个镇的总体技术效率值呈现出 3 方面的特点。首先,在 14 个镇中,曹路镇、周浦镇等 6 个镇的总体技术效率值、纯技术效率值和规模效率值均为 1,呈现出 DEA 有效状态,即 6 个地区在投入方面配置优化合理,使投入与产出达到了相对均衡的状态。其次,川沙新镇、合庆镇、大团镇和书院镇的总体技术效率值出于 0.9~1,其纯技术效率值和规模效率值亦为 0.9~1,说明该地区呈微弱的 DEA 有效状态,补贴金额未能达到最佳利用状态,因此对其投入量和结构有必要作出进一步调整,以使投入产出达到有效水平。再次,老港镇的总体技术效率值小于 0.9,表明 DEA 无效,但是纯技术效率值和规模效率值大于 0.9,表明规模效率呈微弱有效,应该同时提高纯技术效率和规模效率,尤其通过调整补贴结构来提高规模效率。最后,惠南镇、航头镇和万祥镇的总体技术效率值小于 0.9,但纯技术效率值和规模效率有一者大于 0.9,两镇应该在提高纯技术效率和规模效率的同时,应更加关注效率值小于 0.9 的指标。

（2）规模报酬特征分析。所分析的14个镇包括规模报酬递增、规模报酬不变和规模报酬递减3种状态。其中，川沙新镇处于规模报酬递增阶段，主要原因是规模效率没达到有效状态，后续需要增加补贴规模。曹路镇、周浦镇等6个镇处于规模报酬不变阶段，即投入产出达到了动态平衡。合庆镇、惠南镇等7个镇处于规模报酬递减阶段，说明这7个镇在既定投入的情况下没有达到产出最大化。事实上，由于浦东新区自身财力充足，新区政府对各镇农业发展进行了较大投入的前提下，再进行农民增收补贴，会出现部分规模无效率，要素投入的增加超过了地区发展水平对资源的吸收能力，投入规模的扩大带来了资源冗余，反而成为增收补贴政策效率提高的障碍。结合浦东新区的现实情况，要在保持补贴资金总量不变的基础上，注重通过制度创新来寻求提高补贴资金利用效率的对策。

（3）各镇行政区位特征分析。为了解增收补贴政策实施效率在空间分布上的特点，笔者以申嘉湖公路为分界线，将浦东新区各镇分为南部镇和北部镇。从表8-4中可以看出，南部镇的总体技术效率值为0.913，北部镇的总体技术效率值为0.992，规模报酬递减的7个区除了合庆镇外全部位于浦东新区的南部，5个北部镇只有一个处于规模报酬递减状态。结合新区南北地区的产业结构、发展定位等特点和资源禀赋条件差异，可以得出南部镇的总体技术效率低于北部镇的结论。

最后对2011—2016年新区14个镇的农民增收补贴政策进行Malmquist指数分析，得出Malmquist指数及其分解指数（表8-5）。

表8-5 2011—2016年各镇农民增收补贴政策的Malmquist指数

区域	技术效率变化	技术进步变化	纯技术效率变化	规模效率变化	全要素生产率指数	行政区位
川沙新镇	0.997	1.162	1.000	0.997	1.159	北
合庆镇	1.004	1.202	1.005	1.999	1.207	北
曹路镇	1.000	1.097	1.000	1.000	1.097	北
惠南镇	0.954	0.840	0.979	0.974	0.801	南
周浦镇	1.000	0.926	1.000	1.000	0.926	北
新场镇	1.000	0.851	1.000	1.000	0.851	南
大团镇	0.994	0.996	1.006	0.988	0.991	南

续表

区域	技术效率变化	技术进步变化	纯技术效率变化	规模效率变化	全要素生产率指数	行政区位
航头镇	0.970	0.983	0.978	0.991	0.953	南
祝桥镇	1.000	1.025	1.000	1.000	1.025	北
泥城镇	1.000	0.893	1.000	1.000	0.893	南
宣桥镇	1.000	0.951	1.000	1.000	0.951	南
书院镇	0.999	0.985	0.986	1.013	0.984	南
万祥镇	0.948	1.030	0.966	0.982	0.976	南
老港镇	0.969	1.028	0.986	0.983	0.996	南
均值	0.988	0.992	0.993	0.995	0.981	
南部镇	0.982	0.951	0.989	0.992	0.933	
北部镇	1.000	1.082	1.001	1.199	1.083	

根据表8-5，进行如下分析：新区各镇农民增收补贴政策的MI均值为0.981＜1，说明政策执行期间的全要素生产率出现了负增长，以平均每年1.9%的趋势在下降。其中，川沙新镇、合庆镇等4镇的值大于1，说明其技术效率处于增长状态，平均增长率达12.2%。惠南镇、周浦镇等10个镇的值小于1，说明其技术效率处于下降状态，平均下降率达6.8%。基于全要素生产率、技术效率、技术进步率三者之间的关系，技术效率和技术进步率的均值分别为0.988和0.992，可以看出全要素生产率均值较低主要是由技术效率变化值平均降幅较大引起的。具体可分两种情形进行分析：首先，万祥镇和老港镇，在技术进步增长的情况下，技术效率变化值呈现出负增长，即技术效率下降的负效应超过了技术进步增长的正效应，在既定投入条件下，以上各镇的农民增收补贴的投入—产出规模与发展水平更高的北部镇之间的差距会增大，进而主导了其全要素生产率呈负向增长的态势。其次，惠南镇、大团镇、航头镇和书院镇的技术效率变化呈下降趋势的同时，技术进步变化也呈现下降趋势，反映了以上地区在农业科技化等技术创新、农业社会化服务组织等服务创新方面与北部镇的差距，成为其全要素生产率降低的次要原因。

此外，根据南部镇和北部镇各项指标的均值可以发现，北部镇的全要素生产率处于上升状态，增长率均值达到8.3%；南部镇的全要素生产率处于下降状态，增长率均值下降6.7%。可见南部镇农民增收政策的实施效果与北部还存在较大差距。

（五）结论

根据测算结果和分析可以得出以下结论：①浦东新区农民增收补贴政策总体效果显著。政策执行期间的总体技术效率值全部为1，所有年份均达到了DEA有效状态，表明政策在增加农民收入和促进农业发展方面效果显著。取得明显效果的原因是浦东新区坚持问题导向，依托强大的经济实力，着眼于农民持续增收和农业可持续发展的现实问题，及时出台政策从而取得了"两高一快"（浦东农业收入的增长高于全市城乡居民收入增幅、浦东农民收入的增长高于新区GDP的增幅、浦东农民收入的增长快于城镇居民收入的增幅）的成绩。②浦东新区农民增收补贴政策存在边际效用递减规律，政策实施期间全要素生产率呈现平缓的"L"形增长走势。对政策执行期间农民增收补贴政策进行Malmquist指数测算，结果显示浦东新区全要素生产率经历了先明显下降后缓慢上升的L形轨迹。原因如下：农民增收补贴政策在实施之初，对农民增收和农业发展都具有较大的促进作用，伴随着农民收入基数的增大以及补贴政策的时效性特征，政策边际效用逐渐降低。全要素生产率后期的缓慢回升在于新区政府2015年以来及时对补贴政策作出调整，如提高补贴标准，土地流转补贴由500元/亩提高到800元/亩；增加农民就业补贴，将小城镇居民、农民纳入就业困难人员补贴范围；以及在原有政策的基础上，进一步推进各镇、村做相应配套设施等。③浦东新区各镇总体技术效率和全要素生产率存在地区差异，北部镇情况优于南部镇。从新区各镇均衡发展的角度来看，政策实施效率表现不一。其中北部镇总体表现出DEA有效，超过一半的南部镇则表现出DEA无效。从全要素生产率变化情况来看，多数北部镇的全要素生产率呈现出增长的趋势，而多数南部镇的全要素生产率则呈现出下降的趋势。政策效率呈现出区域差异的原因在于浦东新区南北部分在经济发展水平、产业结构、资源禀赋条件等方面存在差别，北部以工业镇为主，南部以农业镇为主。9个南部镇中，除了惠南镇，全部是纯农镇[①]，经济发展水平北部高于南部。

---

① 引自《上海市纯农地区范围明细表》。

四、浦东新区促进农民增收主要补贴政策存在的问题及原因分析

(一) 当前补贴政策存在的问题

1. 补贴政策的路径依赖较强

政策完善受限于原有政策框架。浦东新区的农民增收组合政策是 2011 年开始实施，组合政策的政策框架是基于当时浦东新区的经济发展水平、发展阶段与发展目标而制定。随着新型城镇化发展，城乡统筹发展的不断推进，新型农民、新型农业经营主体不断发展壮大，城乡发展的目标和方向也发生了一些变化，而现行的农民增收补贴政策在政策完善过程中受限于原有政策框架，调整的力度有限，如农民的定义没有及时适应时代和经济发展所带来的农民的内涵的变化，这使农民增收政策的补贴对象有失精准，在一定程度上会影响政策效果。

2. 增收补贴不够聚焦

目前，务农农民直补和土地流转补贴等直补类的补贴金额占比较大，二者占"三头"总补贴金额的一半左右。普惠制的长期直补引致了受补贴者对补贴金的依赖，这会导致补贴政策的内生动力不足，后续财政持续追加投入的压力较大，陷入依靠政府补贴维持农民增收的不良循环。在财政补贴相对稳定的情况下，财政补贴对农民增收的效应难以持续发挥重要作用，农民收入高速增长的趋势难以为继、农业收益低、农业用工人员技术含量低等一系列问题会接踵而至。

3. 市场机制引入不足

农民增收补贴模式依托政府主导成型，明显缺乏一种内生动力，仅靠财政支撑的政府推动模式也降低了农业企业后期成长的活力。在农民增收补贴政策实施的初期，政府主导不失为合乎逻辑的正确选择，财政投入的边际效益很明显，农民增收的效果也很明显。然而，一片大好的势头背后却面临在市场中寸步难行的困境，深层次的原因就在于长期的政府主导模式使得新区农民增收补贴模式难以激发自身动力，财政投入的边际效益逐渐消失，政策的效果随着时间的推移不断减弱。

4. 补贴资金的管理体制机制有待完善

随着政策多维度、多层次的覆盖和政策的不断完善与调整，补贴的类

型不断增加,补贴的范围对象也会有所变化,如农民直补政策在2013年对补贴范围的对象进行了调整,政策的调整就涉及补贴对象的进入—退出机制的建设。而由于补贴管理的信息化建设滞后,诸如补贴对象的区内流动无法主动识别,导致重复领取,补贴对象在政策调整后不符合补贴要求,但仍继续领取补贴等问题无法避免,不符合要求的继续或重复领取补贴的人员不易被发现,且发现后承担的后果也较轻,违规成本低,这种政策执行效率方面存在的问题会影响政策的最终效果,反映的是当前补贴资金还未实现精细化管理,需要进一步完善。

5. 差异化的政策需求下政策供给的同质性较高

浦东区内南北经济、产业发展类型存在一定差别,南北地区的农民人数、涉农企业数量也有明显差异,这些差异使南北地区对农民增收政策的需求也会呈现明显差异,因而同一类补贴政策在南北部各镇对农民增收的效果也会存在差异。目前各类补贴政策在区内各镇是相对均等化实施,没有根据南北部各镇对政策的需求差异进行适当调整,未充分考虑南北发展和需求差异的补贴政策会出现政策结构性失衡的问题,同质性的政策供给在满足差异化的政策需求时,政策效果难免有所折扣,只有结合不同镇的发展阶段和需求,对政策进行适当调整才能更有效地发挥作用。

(二) 原因分析

一是经济和产业发展阶段的变化,农民对农业补贴的需求趋于多元化。农业发展已经从以保障粮食安全为主要任务的粮食生产阶段逐步过渡到以促进农业产业化发展的新阶段,这些变化使农民收入的渠道从以种植收入为主的阶段转化为收入类型多元化的阶段,农业发展过程中新技术、新业态也不断出现,促使农民的内涵发生了变化,催生了诸多新的经营主体。这些新型农业经营主体已经不再是生计型或兼业型农户的简单再生产,而是走商品化经营、追求规模效益的扩大再生产,需要负担越来越多的种子、农机等物化投入成本及地租和雇工成本,生产已经进入了高投入、高成本时代,资本密集度显著提升;新型经营主体也不再局限于一般意义上的农民,他们更是在大众创业、万众创新时代的农民创业主力军,是现代农业建设中最活跃的有生力量。在这个阶段,传统的针对小农的普惠性补贴及简单化的直接补贴已经不能满足新型农业经营主体的需要,他们迫切需要的补贴政策是能有效解决融资难、融资贵的政策,这需要政府设计内容更加丰富、层次更加清晰的财政、金融等工具组合的政策包。

二是政策环境的变化，政府—市场双轮驱动的政策调整方向促使补贴主体与补贴资金多元化发展。随着国家对盘活社会资产的政策不断放开，我国公共领域建设的融资模式发生了较大的政策变化，中央大力推进政府与社会资本合作（PPP）模式，希望通过财政有限的资金撬动巨大的社会资本，实现产业、社会资本和政府的合作共赢，也通过公私部门的合作减少由信息不对称带来的经济运行效率损失。政策环境的变化意味着新区现行的政府主导下的农民增收补贴政策面临着转型，补贴主体与补贴资金都有更多的政策调整空间。

三是区域内部各镇的农业资源禀赋存在一定差异，导致各镇对政策的需求呈现出一定的差异。如浦东南北农民和农业发展条件有较大差异，南部农民收入明显较低且农民体量较大，而北部收入高但是人数少；又如南片的土地一直是碎片化的，不利于产业化、规模化、组织化，而北部在这方面的障碍则较小……这些土地、劳动力的资源禀赋差异会大大削弱无差异的补贴政策效果。面对这些南北镇存在的差异，无差异的补贴政策已经难以满足各镇农村居民收入持续高速增长的需要，他们迫切需要的政策是充分考虑各镇的土地、劳动力差异情况、能激发新的增长点的政策。

鉴于农业的弱势性及外部性，世界各国都对农业进行了补贴。20世纪末，美国、英国、加拿大等农业发达国家的财政支农支出占农业增加值的比重就都已超过了25%，日本更是超过了30%。国外农业补贴政策体系趋于完善，相关经验值得借鉴。

五、国际经验借鉴

欧盟的共同农业政策（The Common Agriculture Policy，以下简称CAP）是欧盟农业补贴制度的基石。在历经1992年、1999年、2003年、2013年等数次调整中逐步完善，其经验主要有以下几点启示：

一是适时调整补贴政策。不同发展阶段，补贴政策目标不同，欧盟根据需要解决的农业发展问题采取不同的政策措施。欧盟的农业补贴实现了从"价格支持—与生产挂钩的直接支付—与生产脱钩的直接支付"的"黄箱"到"蓝箱"再到"绿箱"的支持方式变化。2013年，欧盟通过了新一轮的CAP改革，新增了6项补贴措施和3项市场支持措施，其中，直接补贴分为强制直补和自愿直补，前者增加了对青年农民的直补（规定欧盟成员国必须将不超过本国直补总额的2%用于支持40岁以下的年轻农民）和绿色直补。后者包括重新分配直补（成员国可以把不超过本国直补总额的30%重新分配于面积小于30公顷的农场主）、自然条件恶劣地区直补（成员国最多可以将本国直补总额的5%用于补贴自然条件落后地区，这并不影响这些地区同时获得农村发展资金的支持）、挂钩直补（成员国最多可以把本国直补总额的8%用于支持对经济、社会和环境非常重要的农产品的生产）和小农场直补（采用单一区域补贴国家的农场主、一个日历年度获得总直补低于100欧元的农场主和获得直补的农场面积不足1公顷的农场主，可以申请加入小农场直补。加入小农场直补后，无论农场大小，农场主每年都可以获得一笔固定的补贴，补贴额在500~1 250欧元，但各国用于支持小农场直补金额不得超过本国直补总额的10%。）。

二是注重补贴的倾向性。补贴重点向中小农户和青年农民倾斜。针对中小农户专门制定一套简化体制，使其能更便捷地获得直接补贴，从而减少农民的行政负担。针对欧盟从事农业生产者的老龄化、生产力严重不足的问题（根据欧盟统计数据，仅有14%的农业生产者为40周岁以下的中青年劳动力），从2015年起，所有从事农业生产的青年农户将获得额外的直接补贴（在已获得的补贴金额基础上再增加25%），补贴期不超过5年。此外，CAP2020提出"从业农民（active farmer）"概念，即生产经营活动主体为农业生产的农民才能获得直补，对于仅保留土地而不从事农业生产，以及除农业生产外还从事房地产、机场经营等高收入行业的将不予补贴。

三是通过采用负面清单明晰补贴对象。为防止主业不是农业的业主获得补贴，欧盟要求各成员国必须采用负面清单，包括机场、铁路相关业务、水务、房地产和永久性运动及游乐场等，负面清单的范围可以扩大。

四是通过给予成员国自主权进行差异化补贴。CAP以基本补贴计划为主体，结合绿色直补、青年农民直补、重新分配直补、挂钩直补、自然条件恶劣地区直补、小农场补贴等形成新的直补政策架构，充分考虑到各成员国的差异性，给予成员国充分的自主权来分配相关经费，以满足其不同的发展需求。

六、对策建议

(一) 提高补贴政策动态性和连贯性

补贴政策有较强的路径依赖,要根据不同发展阶段、不同的补贴政策目标,适时调整完善,注重补贴政策的动态性和连贯性,提供一贯的激励。例如,2013年出台的《关于完善浦东新区务农农民直补政策的实施办法》就适时对2011年农民直补政策实施的范围进行了调整、完善,使农民直补政策更精准、高效。当前浦东新区的现代农业正处于加快经营方式转变,促进都市现代农业与二、三产业融合发展的重要阶段。在这个关键阶段,应弱化对一般农户的普惠制补贴,加大对产业融合起到重要支撑作用的新型农业经营主体、农业产业化联合体等的补贴力度。因此,应借鉴欧盟的经验,结合不同地域条件,根据需要解决的农业发展问题,针对政策监督和评估反馈,动态调整补贴政策的力度和方式,通过对补贴期限及金额大小来进行调节。

(二) 聚焦补贴重点

这里的"重点"主要为重点补贴对象及重点补贴领域。将新区的补贴对象由广大农户向新型农业经营主体聚焦,向青年农民聚焦。以强化补贴政策的指向性和精准性为导向,重点向新型农业经营主体适度规模经营倾斜,向从事农业生产的青年农民倾斜。针对重点补贴对象,专门制定简化体制,使其更便捷地获得补贴,减少相应行政负担。摸清新型农业经营主体补贴的重点领域,如精准培训、资金需求等领域,为新型农业经营主体提供启动资金、完善农场咨询系统、开展精准培训和创新项目,加强帮助农民适应新技术等的补贴力度。

(三) 创新支农资金投入方式

采取项目制与"以奖代补"相结合的办法,积极探索实施"绿箱"政策。通过市场化运作吸引社会资金参与,形成合力并持续发力。运用担保、贴息、风险补偿、引导基金、保险等方式,逐步建立财政资金引导下的多元投入机制,鼓励和引导更多资本投入,特别是加大以农业保险方式保障农民收入力度。

(四) 完善补贴资金的管理体制机制

建立统一的管理体制,避免多头管理。相关部门应加强对补贴资金的绩效评价与管理,明确责任分工,及时研究解决补贴政策执行中的关键问题,推动政策执行到位。借鉴欧盟经验,完善补贴政策的"负面清单",加大"互联网+农业补贴"投入力度,通过建立并完善大数据平台,加强补贴的过程监督与及时反馈,提高补贴资金的实际绩效,防止套取补贴等现象。

(五) 充分体现补贴政策的区域差异性

在保持补贴政策一贯性的前提下,避免政策的"一刀切"。构建多层次的补贴政策体系,丰富补贴类型,并适时根据新区内各区域补贴政策执行效果进行调整。例如,针对受自然资源约束较大的区域,农户收入有限,可设立额外补贴保障这些区域农户生活,加大对这些区域的补贴力度。又如,针对浦东新区南北部经济、社会发展水平、农民收入差距的客观现实,结合南北对补贴政策的不同需求,设计不同政策的组合包,并给予各区域一定自主权进行差异化补贴,从而实现南北各镇间的竞争、协同发展,拉动农民增收。同时,加快建立农业生产技术创新、农业社会化服务组织创新等一系列配套举措,加快提高全要素生产率,推动南北均衡发展,更好地推动农业高质量发展,促进农民增收。

第九章 思考与展望

总体看，浦东新区农业农村发展表现为"两个差异、两个注重、两个少、两个高"的特点。

"两个差异"：一是农业总产值在区级和市级两个层级的地位差异较大。随着城镇化进程的不断推进，浦东新区基础设施和诸多重大工程的建设，对农业生产规模发展造成了较大的制约。在区级层面，浦东新区农业总产值在全区总产值的占比微小，且呈现不断降低趋势，但在全市层面，浦东新区农业总产值占全市农业总产值的比重较大，在全市的地位至关重要。2019年，浦东新区农业总产值的占比超过16%。二是南北差异较大。浦东新区由原浦东和南汇两区合并而成，外环高速以北距上海市中心空间距离较近，是浦东新区发展较早、城市化相对较高的区域，而南片则多为涉农区域，南北发展总体来看差异较大。

"两个注重"：一是注重通过强农支农惠农政策引导农业农村发展。浦东新区财政实力较好，对农业反哺力度较大，在全市率先对农业财政补贴实施市、区级支农资金整合，并以项目配套形式吸引社会资本参与农业投资。强农支农项目资金规模大，充分体现了国际大都市在城市化达到一定程度后对农业农村的有力反哺。二是注重以信息化为抓手推动农业农村发展。浦东新区在全市各郊区中较早通过推进农用地资源管理系统、涉农补贴资金监管平台、农村集体"三资"监管平台、农委资金行政审批系统、农民增收管理系统等信息化手段来推动相关工作，实现了全区农用地管理信息化、农业生产统计精准化、农用地规划与利用管理数字化，为生产数据真实性、各级财政补贴准确性奠定坚实基础，实现农业农村的高效管理。

"两个少"：一是耕地资源呈减少趋势。随着城镇化的加快，城镇建设用地扩张，逼近现有资源环境承载能力极限，生态空间接近底线，耕地总量呈减少趋势，2019年耕地面积近2.8万公顷，较9年前减少了36%。二是农业劳动力后备资源少。人才是第一资源，农业农村的可持续发展离不开人才的支撑。农业从业人员的总量萎缩、农业从业人员老龄化明显、高端专业人才缺乏等使得浦东新区的农业劳动力后备资源存在严重不足的问题，难以匹配现代农业发展要求。

"两个高"：一是农业生产成本高。2021年7月，上海的最低工资标准已经由之前的2 480元调整到2 590元，每小时最低工资标准提高至23元，由此带动了农业用工劳动力成本的上升。除去劳动力成本的刚性上涨以及通货膨胀等因素的影响，农业劳动力后备资源本身的紧缺也导致浦东新区农业用工成本上升。浦东新区土地流转费较高，根据《浦东新区关于进一步加强农村土地经营权流转管理的工作意见》，农村土地经营权流转指导价格为1 050元/亩，实际种植经济效益高的土地，其流转费还要高于指导价格，因此，新型农业经营主体开展规模经营的用地成本高企。高企的生产成本会导致农产品价格在竞争中处于弱势地位，农产品生产经济效益空间就会相对较小。二是农村居民可支配收入高。"十三五"期间，浦东新区农村居民人均可支配收入增速（年均增长8.9%）连续5年高于城镇居民（年均增长7.8%），高于上海农村居民人均可支配收入水平。

浦东新区农业农村发展受到诸多挑战：一是世界正经历百年未有之大变局，经济的不确定性、不均衡性、不稳定性增加，国际形势、新冠肺炎疫情等外部风险与内部系统风险交织；二是受资源、环境及高成本等因素的制约，浦东新区农产品在市场竞争力方面面临严峻挑战；三是浦东新区正经历从小农户分散经营向规模化、集约化、专业化、绿色化、信息化转型阵痛期的挑战；四是美丽庭院建设进入质量提升的新阶段，面临更高标准和要求的挑战；五是随着农村改革进入深水区，没有可照搬照抄的模式和路径，持续深化改革面临更大挑战。但也有很多机遇，包括从中央到上海市区都高度重视乡村振兴工作，浦东改革开放再出发，引领新一轮高水平开放，长三角一体化发展战略的持续推进等一系列制度红利，充分把握好这些机遇和挑战，利用好国际大都市的大市场优势、科创优势、人才集聚优势、资本优势等，可以更好实现农业高质高效、乡村宜居宜业、农民富裕富足。

浦东新区要将推进农业农村的发展置于中华民族伟大复兴战略全局，置于加快构建以国内大循环为主体、国内国际双循环相互促进的新发展格局中考量。围绕全面推进乡村振兴战略、长三角一体化发展战略等国家战略的总要求，上海市"美丽家园、绿色田园、幸福乐园"的建设总部署，立足浦东新区推进高水平改革开放、打造社会主义现代化建设引领区的发展定位，对标世界标杆区域，结合浦东新区农业农村发展实际，浦东新区应成为具有国际大都市特色的城乡融合发展先行区、农业农村现代化引领区。

日本是国际上较早发展都市农业的国家，且取得了较好成效，由于其农业生态区域、生产模式、膳食消费结构、农业发展历程与上海高度相似，因此，常被作为上海都市农业发展对标的重要区域。日本都市农业主要集中在东京圈、大阪圈、中京圈等三大都市圈。随着日本人口减少和老龄化问题的日渐凸显，2015年，日本农林水产省及国土管理局出台了《都市农业振兴基本法》，旨在发挥都市农业的多功能性，即不仅提供新鲜的农产品，而且发挥了重要的防灾空间功能、良好的景观功能、农事体验功能等，以缓解都市面临的老龄化、劳动力不足等共性压力，实现循环型社会的构建和环境共生都市的形成。

对标国际，浦东新区的农业应是与国际大都市相匹配的都市现代绿色农业，浦东新区的农村应是未来提升区域能级发展的战略空间和核心功能的重要承载地，浦东新区的农民应有较高的获得感、幸福感和满意度。其中，浦东新区的都市农业应具备多功能性，主要表现为：一是维持和提升生命质量功能。都市农业的农产品提供应时应季的生鲜农产品，有助于实现食物慢生活的生活方式，维持和提升生命质量。二是为都市居民提供绿色生态的功能。作为都市绿色生态的供应主体，都市农业有助于改善都市环境、改善居民的生活，向都市提供绿色基础设施，保护生物多样性，创造可以感受到四季变化的环境，有效缓解都市的热岛效应、空气污染、城市洪流、噪声等问题。三是培育和收割作物的农事体验功能。都市农业通过休闲农庄、相关企业等福利机构，特别是以老年人为对象的康养农园等，充分发挥农事体验功能，为市民的身心健康带来帮助，为实现丰富多彩的都市生活提供重要支撑。四是资源及能源的振兴功能。大都市中，人们活动中产生的废弃物和排热现象凸显，包括食物垃圾、有机肥料、人工废热能等。都市农业吸收活动中的二氧化碳，促进作物生长，将废弃物堆肥化并加以利用，促进资源的循环和能源的优化利用。同时，利用废弃厂房、废旧设备等闲置空间和设施作为农业生产加工基地，不仅有利于都市的食品安全，还能有效利用资源，推动实现可持续的环境共生城市。在设施园艺、植物工厂等需要消耗电力的设施农业中，可利用诸如太阳能等再生能源，结合地下热交换等节能技术，促进能源高效利用。五是教育功能。都市农业为市民提供接触农业的机会，提供了解农业和沟通的平台。让青少年在教育中体验农业，可以更好地提升食物教育和环境教育的质量。六是防灾功能。都市农地不仅可以作为暂时避难所，还可以作为火灾时防止延烧的空间。农地有涵养水源的功能以及对因雨水涵养而发挥的都市型水灾的抑制功能。农业水利设备也可以作为消防水利。此外，疫情等灾害发生时的食物供应功能是非常重要的，都市农业成为提供新鲜农产品和储存食物的载体。

参考文献

蔡安宁，冯健，2018. 欠发达地区农户宅基地退出意愿的影响因素研究——以安徽阜阳为例 [J]. 城市发展研究，25（6）：120-126，134.

陈定洋，2016. 供给侧改革视域下现代农业产业化联合体研究：产生机理、运行机制与实证分析 [J]. 科技进步与对策，33（13）：78-83.

陈华彬，2019. 乡村振兴视域下农业产业化联合体研究——产生机理、运营机制和实证分析 [J]. 重庆理工大学学报：社会科学，33（3）：36-45.

陈雪琼，毕鹏，2021. 蔬菜产业化联合体发展模式探究 [J]. 南方农业，15（14）：115-117.

陈冬雪，2021. 农业纵向产业组织内部主体博弈分析 [D]. 天津：天津商业大学.

程晓仙，何忠伟，2020. 北京都市型现代农业产业发展报告 [M]. 北京：中国财政经济出版社.

杜鹰，2004. 农业产业化经营——中国式的农业现代化之路（下）[J]. 中国经贸导刊（20）：28-29.

丁晶，2010. 限制宅基地使用权流转维护农民利益的最佳选择 [J]. 特区经济（3）：170-173.

董新辉，2019. 新中国70年宅基地使用权流转：制度变迁、现实困境、改革方向 [J]. 中国农村经济（6）：1-26.

董祚继，2018. "三权分置"——农村宅基地制度的重大创新（下）[J]. 国土资源（4）：22-26.

窦祥铭，李红波，2019. 培育发展农业产业化联合体的实践与思考——以安徽省苏州市为例 [J]. 西昌学院学报：自然科学版，33（2）：31-38.

方志权，晋洪涛，张晨，2018. 上海探索盘活利用农民闲置房屋的调研与思考 [J]. 科学发展（6）：107-112.

傅熠华，2018. 农民工农村宅基地退出的决策逻辑——基于全国2328户农民工家庭的实证研究 [J]. 经济体制改革（6）：70-75.

高国忠，雷新军，2021. 上海浦东经济发展报告（2022）[M]. 北京：社会科学文献出版社.

高洁, 2021. 乡村振兴背景下宿州市农业产业发展的思考 [J]. 中国产经 (2): 41–42.

高鸣, 宋洪远, 2016. 粮食直接补贴对不同规模经营规模农户小麦生产率的影响——基于全国农村固定观察点农户数据 [J]. 中国农村经济 (8): 56–69.

高圣平, 2019. 农村宅基地制度: 从管制、赋权到盘活 [J]. 农业经济问题 (1): 60–72.

龚骊, 2019. 上海市粮食种植成本及收益情况调查报告 [J]. 统计科学与实践 (10): 31–34.

郭贯成, 李金景, 2014. 经济欠发达地区农村宅基地流转的地域差异研究——以河北省张家口市为例 [J]. 资源科学, 36 (6): 1229–1234.

郭晓鸣, 廖祖君, 付娆, 2007. 龙头企业带动型、中介组织联动型和合作社一体化三种农业产业化模式的比较——基于制度经济学视角的分析 [J]. 中国农村经济 (4): 40–47.

韩文龙, 谢璐, 2018. 宅基地"三权分置"的权能困境与实现 [J]. 农业经济问题 (5): 60–69.

何安华, 2019. 盘活闲置农房是乡村振兴无法绕开的问题 [J]. 农村经营管理 (11): 14–15.

湖南省农业农村厅产业发展处, 2019. 农业产业化联合体展示 (3) ——浏阳河集团产业联合体探索 [J]. 湖南农业 (11): 43.

胡凌啸, 周应恒, 2016. 农机购置补贴政策对大型农机需求的影响分析——基于农机作业服务供给者的视角 [J]. 农业现代化研究 (1): 110–116.

胡向东, 刘静, 刘爽, 2021. 宅基地使用权多种实现形式的思考 [J]. 农业经济问题 (4): 25–32.

胡昱, 2021. 盘活闲置宅基地及农房——以青浦区朱家角镇张马村为例 [J]. 上海农村经济 (5): 26–28.

黄季焜, 王晓兵, 智华勇, 等, 2011. 粮食直补和农资综合补贴对农业生产的影响 [J]. 农业技术经济 (1): 4–12.

黄阳成, 蓝健允, 顾冰, 等, 2021. 全产业链视角下柳州螺蛳粉农业产业化联合体发展探析 [J]. 广西农学报, 36 (6): 37–42.

黄祖辉, 张晓山, 郭红东, 等, 2019. 现代农业的产业组织体系及创新研究 [M]. 北京: 科学出版社.

霍增辉, 吴海涛, 丁士军, 2015. 中部地区粮食补贴政策效应及其机制研究——来自湖北农户面板数据的经验证据 [J]. 农业经济问题 (6): 20–30.

蒋和平, 郭超然, 蒋黎, 2020. 乡村振兴背景下我国农业产业的发展思路与政策建议 [J]. 农业经济与管理 (1): 5–14.

蒋晓岚, 2018. 安徽国家级农业示范区经营主体培育与产业化体系建设模式研究[J]. 中共合肥市委党校学报 (5): 18-24.

李必红, 马佳, 马莹, 等, 2019. 浦东新区桃产业化联合体发展研究[J]. 上海农村经济 (2): 21-23.

李风, 2018. 唤醒"沉睡"的资产——浙江省探索盘活利用农村闲置农房和宅基地[J]. 浙江国土资源 (8): 14-15.

李国祥, 2019. 做好农村宅基地制度改革试点和盘活闲置农房工作[J]. 中国党政干部论坛 (11): 63-66.

李含悦, 张润清, 2018. 基于国际经验的农业产业化联合体建设研究[J]. 世界农业 (12): 162-167, 188-252.

李纪华, 2020. 不完全信息下农业产业化联合体形成的动态博弈分析[J]. 安徽农业大学学报(社会科学版)(5): 25-30.

李江一, 2016. 农业补贴政策效应评估: 激励效应与财富效应[J]. 中国农村经济 (12): 17-32.

李金珊, 徐越, 2015. 从农民增收视角探究农业补贴政策的效率损失[J]. 统计研究 (7): 57-63.

李龙, 2017. 宿州市现代农业产业联合体的探索与实践[J]. 通化师范学院学报, 38 (3): 47-50.

李翔, 徐茂波, 2006.《物权法》不应限制宅基地流转[J]. 中国土地 (2): 42.

李朝晖, (2015-08-19). 构建现代农业产业化联合体是农业产业化发展必由之路[N]. 安徽日报 (8).

林万龙, 茹玉, 2014. 对2001年以来中国农民直接补贴政策体系与投入状况的初步分析[J]. 中国农村经济 (12): 4-12.

刘景景, 2017. 现代农业产业化组织模式创新——安徽宿州的经验做法[J]. 山西农业大学学报: 社会科学版, 16 (5): 28-32.

刘圣欢, 杨砚池, 2018. 农村宅基地"三权分置"的权利结构与实施路径——基于大理市银桥镇农村宅基地制度改革试点[J]. 华中师范大学学报(人文社会科学版), 57 (5): 45-54.

刘守英, 熊雪锋, 2019. 产权与管制——中国宅基地制度演进与改革[J]. 中国经济问题 (6): 17-27.

刘同山, 2018. 农村宅基地制度改革: 演进、成就与挑战[J]. 农林经济管理学报, 17 (6): 707-716.

刘威, 马恒运, 2020. 包容性视域下农业产业化联合体共生关系的实证分析[J]. 农村经济 (10): 95-103.

刘卫柏, 贺海波, 2012. 农村宅基地流转的模式与路径研究[J]. 经济地理, 32 (2):

127 – 132.

芦千文, 2017. 农村一二三产业融合发展的运行机理和理论阐释：例证皖省现代农业产业化联合体 [J]. 山西农业大学学报（社会科学版）, 16（4）：24 – 29.

芦千文, 张益, 2017. 对现代农业产业化联合体发展的调查与思考：以安徽省宿州市为例 [J]. 农业经济与管理 (2)：24 – 31.

芦千文, 2017. 现代农业产业化联合体：组织创新逻辑与融合机制设计 [J]. 当代经济管理, 39（7）：38 – 44.

陆鸣, 贾宁, 郑怡林, 2021. 有效利用农村宅基地——基于山西省吕梁市调研的理论和政策分析 [J]. 农业经济问题 (4)：13 – 24.

罗东, 娇健, 2014. 国家财政支农对农民收入影响实证研究 [J]. 农业经济问题 (12)：48 – 53.

罗翔, 2020. 资源 功能 治理——对浦东新区"十四五"高质量发展的思考 [J]. 规划师, 36（19）：29 – 33.

马佳, 董家田, 倪卉, 等, 2019. 国际经验对上海都市现代农业科技发展的启示 [J]. 上海农村经济, (9)：37 – 40.

马佳, 张孝宇, 马莹, 等, 2019. 关于浦东新区农民增收主要补贴政策研究 [J]. 上海农村经济 (1)：23 – 26.

马凌, 2011. 我国粮食生产补贴政策浅析 [J]. 中国农业资源与区划, 32（1）：136 – 142.

农业部办公厅等三部门《关于开展农业产业化联合体支持政策创新试点工作的通知》 [J]. 中国食品, 2018（6）：163 – 165.

农业农村部农业产业化办公室, 2018. 创新合作机制 构建新型农业经营体系——各地积极探索发展农业产业化联合体 [J]. 中国农民合作社 (8)：24 – 29.

潘镜平, 2020. 发挥"三高"农业优势 全力建设世界先进农业 [J]. 上海农村经济 (9)：12 – 15.

彭长生, 范子英, 2012. 农户宅基地退出意愿及其影响因素分析——基于安徽省6县1413个农户调查的实证研究 [J]. 经济社会体制比较 (2)：154 – 162.

彭燨, 孟俊杰, 2013. 产粮大县农作物良种补贴政策效应分析与改进措施 [J]. 河南农业大学学报 (10)：634 – 638.

戚振宇, 2019. 中国农业产业化组织模式优化研究 [D]. 长春：吉林大学.

钱忠好, 牟燕, 2020. 乡村振兴与农村土地制度改革 [J]. 农业经济问题 (4)：28 – 36.

任志雨, 郑碧莹, 王泽尤, 等, 2020. 中国农业产业化联合体发展特点及前景 [J]. 农业展望, 16（6）：59 – 62.

上海市浦东新区统计局, 国家统计局浦东调查队, 2020. 2020年浦东年鉴 [M]. 北京：

中国统计出版社.

尚旭东,王磊,2020.农业产业化联合体:再组织二重维度、交易费用节约与市场势力重塑[J].中国农民合作社,128(1):17-19.

宋志红,2019.宅基地"三权分置":从产权配置目标到立法实现[J].中国土地科学,33(6):28-36.

孙钘,2014.农业补贴政策收入分配效应的实证分析——以黑龙江省为例[J].学习与实践(10):53-60.

孙宪忠,2018.农村土地"三权分置"改革亟待入法[J].中国人大(15):21-24.

孙正东,2015.现代农业产业化联合体运营效益分析:一个经验框架与实证[J].华东经济管理,29(5):108-112.

汤吉军,戚振宇,李新光,2019.农业产业化组织模式的动态演化分析——兼论农业产业化联合体产生的必然性[J].农村经济(1):52-59.

汤小波,2017.安徽省粮食产业化联合体发展情况调查[J].中国粮食经济(4):42-47.

陶宇,杨薇,2019.新时代农业产业化战略的驱动要素与路径选择研究[J].农业经济(7):9-11.

王海燕,闫磊,2017.粮食供给侧:"按量补贴"与"按质补贴"[J].中国农业资源与区划(9):1-7.

王静,兰可可,2018.特色农业产业助力秭归县域创新发展[J].中国农村科技(10):68-70.

王丽嫒,马莹,马佳,2022.大都市区农业产业化联合体发展探究——从上海浦东新区为例[J].中国农学通报(14):139-146.

王铭洁,高菀璐,杨杰,2020.互联网金融支持农村产业融合现状、问题及对策研究[J].时代金融(24):13-15.

王太明,王丹,2022.德国农业合作社的发展现状、特点及启示[J].农业经济(4):29-31.

王欣,宋燕平,王艳荣,2022.联合体内部互动何以提升家庭农场价值共创意愿——基于安徽省农业产业化联合体的实证分析[J/OL].中国农业资源与区划(4).

王旭东,2011.中国农村宅基地制度研究[M].北京:中国建筑工业出版社.

王珣,2019.浦东贯彻实施乡村振兴战略 推动更高水平城乡发展一体化[J].上海农村经济(1):7-9.

王壹,(2022-01-08)."强龙"引领多方驱动 产业提质农民增收——浙江省海通蔬菜产业化联合体联农带农发展观察[N].农民日报(007).

王亚芬,周诗星,高铁梅,2017.我国农业补贴政策的影响效应分析与实证检验[J].吉林大学社会科学学报(1):41-52.

王志刚，于滨铜，2019. 农业产业化联合体概念内涵、组织边界与增效机制：安徽案例举证［J］. 中国农村经济（2）：60-80.

韦德贞，李冰，2021. 农业产业化联合体的范式结构、组织嬗变及增效机制探析［J］. 农业经济（9）：12-13.

魏后凯，黄秉信，2019. 农村绿皮书：中国农村经济形势分析与预测（2018—2019）［M］. 北京：社会科学文献出版社.

武京涛，2013. 中国农村宅基地的现状、原因及盘活措施［J］. 经济研究导刊（18）：38-39+48.

席悦，王承武，2022. 基于共生视角的农业产业化联合体培育策略探究［J］. 农业经济（2）：30-31.

辛冲冲，唐洪松，绍乐，2017. 新疆农机购置补贴政策执行效率评价——基于DEA-Malmquist模型［J］. 新疆财经（1）：50-59.

辛翔飞，张怡，王济民，2016. 我国粮食补贴政策效果评价——基于粮食生产和农民收入的视角［J］. 经济问题（2）：92-96.

夏英，牛英峰，1996. 农业产业一体化理论及国际经验［J］. 农业经济问题，17（12）：2-7.

肖林兴，2013. 中国全要素生产率的估计与分解——DEA-Malmquist方法适用性研究及应用［J］. 贵州财经学院学报（1）：32-39.

肖梅卿，彭敦相，2009. 构建支农政策制度 助推农业产业发展［J］. 农村财政与财务（2）：6-7.

肖鹏，（2021-01-19）. 探索"三权分置"，盘活利用宅基地［EB/OL］. https：//share.gmw.cn/theory/2021-01/19/content_ 34554652.html.

徐美芳，王鹏翀，刘玉博，2019. 浦东现代农业发展现状及对策分析［J］. 浦东发展（7）：46-49.

薛新阳，马佳，杨德利，2018. 基于DEA-Malmquist模型的农民增收补贴政策效率分析——来自浦东新区面板数据的经验证据［J］. 中国农业资源与区划，39（4）：152-161.

佚名，（2016-11-23）. 中央农村工作领导小组调研组来宿调研产业化联合体——方春明、孙正东、史翔、张孝成等先后陪同［N］. 拂晓报（01）.

佚名，2021. 联农带农 龙头先行——江苏发布一批农业产业化联合体和农业龙头企业［J］. 联农江苏农村经济（5）：18-19.

杨富云，2019. 农业产业化经营组织的演进路径探析［J］. 农业经济（3）：54-55.

杨林，袁晓燕，邓丽祺，2013. 基于DEA模型的我国地方农业补贴效率评价［J］. 财政支农（4）：23-28.

杨毅斌，蔡旻君，2018. 我国农村宅基地退出的政策演变［J］. 法制博览（3）：215.

杨印生，王舒，王海娜，2016. 基于动态 DEA 的东北地区玉米生产环境效率评价研究 [J]. 农业技术经济（8）：58 – 71.

叶慧，王雅鹏，2006. 采用数据包络分析法的粮食直接补贴效率分析及政策启示 [J]. 农业现代化研究（5）：356 – 359.

余永和，2019. 农村宅基地退出试点改革：模式、困境与对策 [J]. 求实（4）：84 – 97 + 112.

曾定茜，阮银兰，2020. 农村产业经济融合视角下农业产业联合体建设实践探索 [J]. 农业经济（8）：9 – 11.

张华清，2019. 安徽省粮食产业化联合体主要运营模式研究 [D]. 安徽：安徽农业大学.

张婧，2017. 盘活利用农村空闲宅基地的几点思考——以天津市蓟州区为例 [J]. 中国土地（6）：13 – 15.

张静，张宝文，2011. 基于 Malmquist 指数法的我国农业科技创新效率实证分析 [J]. 科技进步与对策（7）：84 – 88.

张竣青，2021. "三权分置"视角下农房租赁模式研究 [D]. 武汉：华中师范大学.

张苗，陈银蓉，赵振国，2014. 不同类型村庄农户福利需求、宅基地腾退意愿及整理模式对比分析——基于山东省 30 个行政村实证分析 [J]. 山东农业科学，46（9）：146 – 151.

张梦琳，舒帮荣，2017. 农民分化、福利认同与宅基地流转意愿 [J]. 经济体制改革（3）：95 – 100.

张淑杰，孙天华，2012. 农业补贴政策效率及其影响因素研究——基于河南省 360 户农户调研数据的实证分析 [J]. 农业技术经济（12）：68 – 74.

张晓婷，2020. 农业产业化联合体健康发展对促进乡村振兴农民增收的作用与思考 [J]. 黑龙江金融（11）：71 – 72.

张月兰，费汉华，2020. 江苏省泰州市农业产业经营组织发展路径研究 [J]. 黑龙江农业科学（1）：125 – 128.

张琴，郭红东，2017. 农业产业化联合体：现代农业经营体系的创新：基于安徽宿州的调查 [J]. 新疆农垦经济（1）：1 – 8.

张勇，周婕，陆萍，2021. 乡村振兴视域下盘活利用农村闲置宅基地的理论与实践——基于安徽省两个案例的考察 [J]. 农业经济问题（11）：210 – 221.

浙江省农业农村厅课题组，2019. 撬动乡村振兴的有效支点——浙江省闲置宅基地和闲置农房盘活利用调查 [J]. 农村经营管理（21）：21 – 24.

郑定荣，2003. 重新构建农村经营新体制——农业产业化联合体问题探讨 [J]. 广东经济（10）：26 – 28.

郑风田，2018. 让宅基地"三权分置"改革成为乡村振兴抓手 [J]. 人民论坛（10）：

75–77.

周冲, 黎红梅, 2019. 农业产业化联合体发展: 三产融合视角——来自 GS 粮食产业化联合体的案例分析 [J]. 安徽行政学院学报 (1): 17–22.

周国鲲, 2019. 我国农业产业化联合体的理论与实践研究 [D]. 烟台: 烟台大学.

周昊天, 2019. 乡村振兴战略下农业产业化联合体创新发展研究: 运营特征、发展困境和路径分析 [J]. 江苏农业科学, 47 (17): 32–35.

周立群, 曹利群, 2001. 农村经济组织形态的演变与创新——山东省莱阳市农业产业化调查报告 [J]. 经济研究 (1): 69–75.

周艳丽, 2019. 乡村振兴战略下农业产业化联合体的培育发展研究 [J]. 农业经济 (4): 27–28.

钟甫宁, 顾和军, 纪月清, 2008. 农民角色分化与农业补贴政策的收入分配效应——江苏省农业税减免、粮食直补收入分配效应的实证研究 [J]. 管理世界 (5): 65–71.

钟真, 蒋维扬, 赵泽瑾, 2021. 农业产业化联合体的主要形式与运行机制——基于三个典型案例的研究 [J]. 学习与探索 (2): 91–101.

朱德满, 李辛一, 程国强, 2015. 综合性收入补贴对中国玉米全要素生产率的影响分析——基于省级面板数据的 DEA-Tobit 两阶段法 [J]. 中国农村经济 (11): 4–15.

朱方林, 朱大威, 2021. 江苏省盘活利用闲置宅基地的典型模式与实现路径 [J]. 农业经济 (11): 102–104.

朱丽丽, 2020. 农村宅基地渐进式盘活路径研究 [D]. 合肥: 中国科学技术大学.

Bruce Gardner, Zvi Lerman, 2006. Agricultural cooperative enterprise in the transition from socialist collective farming [J]. Journal of Rural Cooperation, 34 (1): 1–18.

Den Ouden M, Dijkhuizen A A, Huirne R, et al., 1996. Vertical cooperation in agricultural production-marketing chains, with special reference to product differentiation in pork [J]. Agribusiness, 12 (3): 277–290.

Eddy, David, 2004. Vertical Integration [J]. Western Fruit Grower, 124 (3): 8–9.

MacDonald J M, 2020. Tracking the consolidation of U.S. agriculture [J]. Applied Economic Perspectives and Policy, 42 (3): 361–379.

Hisano S, Akitsu M, Mcgreevy S R, 2018. Revitalising rurality under the neoliberal transformation of agriculture: experiences of reagrarianisation in Japan [J]. Journal of rural studies, 61: 290–301.

Kleinman P, Spiegal S, Rigby J R, et al., 2018. Advancing the sustainability of US agriculture through long-term research [J]. Journal of environmental quality, 47 (6): 1412–1425.

Long T B, Blok V, Coninx I, 2016. Barriers to the adoption and diffusion of technological innovations for climate-smart agriculture in Europe: evidence from the Netherlands, France,

Switzerland and Italy [J]. Journal of Cleaner Production, 112: 9 – 21.

Paramati S R, Apergis N, Ummalla M, 2018. Dynamics of renewable energy consumption and economic activities across the agriculture, industry, and service sectors: evidence in the perspective of sustainable development [J]. Environmental Science and Pollution Research, 25 (2): 1375 – 1387.

Reenen E H V, Pickering A H, 2011. The role of legislation in improving farm sustainability and how the New Zealand Government intends to incentivise the agricultural industry [J]. Proceedings of the New Zealand Society of animal production, 71: 152 – 156.

Zahniser S, Taylor J E, Hertz T, et al., 2018. Farm labor markets in the United States and Mexico Pose challenges for US agriculture [J]. Economic Information Bulletin-USDA Economic Research Service (201): 40.

后 记

在开展浦东新区农业农村跟踪研究的过程中，得到了浦东新区农业农村委员会、浦东新区农村改革发展服务中心、国家统计局浦东调查队、上海市农业农村委员会、上海市农村经营管理站、上海市农村经济学会、上海市土地学会、上海市浦东新区农民中等专业学校、浦东新区农业服务中心、浦东新区农村经营管理指导站、浦东新区规划和自然资源局、中国（上海）自由贸易试验区临港新片区管理委员会、临港管委会、浦东新区农村经济学会、浦东新区农协会、浦东新区各镇村的领导与有关人员、上海市南汇区供销合作总社、上海市桃研究所、浦东新区农业龙头企业及农民专业合作社、家庭农场等新型农业经营主体代表提供的帮助和支持。上海市农业科学院及农业科技信息研究所的各级领导对我们农经团队开展科研工作给予了大力支持，农业科技信息研究所各位同事在课题研究和本书写作过程中给予了积极的帮助，这本书也是集体智慧的结晶。未免挂一漏万，在此一并表示衷心感谢！本书还得到我指导的硕士生薛信阳、陶莹慧、吴天强、吕亚东、马一鸣、鲍鑫培、张静怡、孙利君、李昕璐、李文欣、胡鑫月、魏颖、吕沛琪等人在实地调研、数据处理与文字审校方面的大力帮助。教学相长，感谢！

感谢中国农业科学技术出版社对本书出版给予的支持与帮助！

由于本人的水平有限，书中如有不当之处，恳请各位读者批评指正。